祖靈的女兒

Mamauwan

排灣族女巫包惠玲的成巫之路，與守護部落的療癒力量

（嬤芼灣Mamauwan）
包惠玲——口述
張菁芳——撰文

目錄

【推薦序一】給　祖靈的女兒／劉壁榛　4
【推薦序二】祖靈揀選、祭儀不墜／董志祥　7
【序】關於我的巫、我的緣……／包惠玲　10
【序】生命長河的悠遠史歌／張菁芳　13
書中出現人物關係表　20
包家頭目與首席女巫傳承表　21

1　出生頭目家庭　22
2　父親的溺水意外　33
3　外婆的異國戀情　44
4　母親未說出口的寂寞　62
5　顛覆習巫傳統的女巫培訓班　79
6　立巫儀式中從天而降的神祕巫珠　91

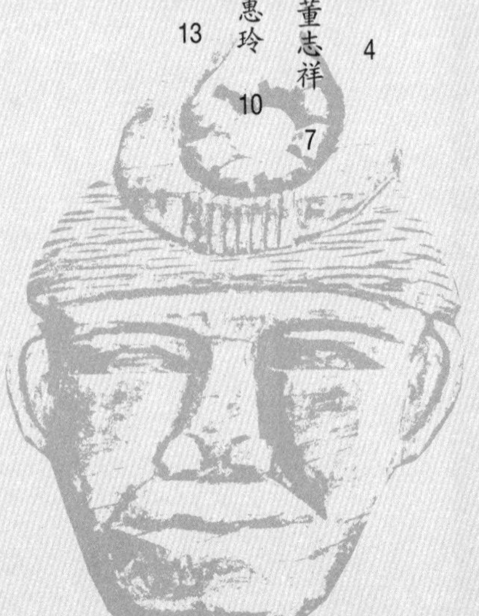

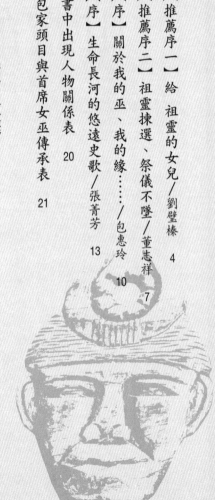

7 被附身的衝擊 109
8 祖靈療癒的力量 121
9 姨婆入夢協助解決陳年懸案 135
10 師徒關係的神聖承諾 146
11 包家的巫術傳奇 163
12 母親最後的日子 176
13 招魂儀式是眞的嗎 193
14 疫情下巫術的儀式實踐 211
15 當族人不再種植小米的小米儀式 223
16 神靈出巡的五年祭 243
17 無聲的守護者 269
參考資料 286

【推薦序一】

給 祖靈的女兒

本書的主角嬷笔灣 Mamauwan（包惠玲）是台東排灣族土坂部落中掌權頭目之女，四十五歲即成爲首席 pulingau（巫師），今任鄉公所公職，並在東華大學族群關係與文化研究所攻讀博士。這些傳統與當代交纏的多重身分與頭銜，開啓了她許多神奇的遭遇與歷練，也訴說著其不斷反思的個性與風格。她每個生命的環節就像充滿色彩與紋路的排灣族琉璃珠，串起本書的精彩迴路，引人入勝。透過從美國回台的菁芳，每個禮拜辛勤的深度訪談，一個眞情流露，一個文采洋溢，交織之下方成本書。

嬷笔灣不僅讓我們看到，她自幼對死亡的恐懼，及後續她如何在親人的陪伴中，還有透過儀式走了過來。成年後，她還從這些經驗出發培養出同理心，透過鄉公所開設的課程開始步上習巫之路，並在祖靈信仰爲後盾下，逐漸協助其他族人面對死亡與祭儀的消失。

二〇〇〇年前後，台灣原住民族普遍面臨巫師後繼無人的窘境，本書前半部的主軸——嫾芼灣是否挺身成巫的糾結——其實也述出了很多年輕後輩的時代心聲。走進AI新科技當道的年代，人的存在與社會（部落）的群體價值疑問再度浮現，巫師是否仍有一席之地？其當代角色爲何？本書後半部則娓娓道出了發人深省的反思。

嫾芼灣從爲了協助頭目母親繼續領導部落的單純動機，逐漸擴散到接受巫的傳承之艱苦使命，到借身作爲人靈溝通的媒介。其中她自己不僅充滿了困惑、質疑與不滿，還需面對外來異樣的眼光，這讓我們看到習巫過程中，漫長的內心掙扎與今非昔比的社會大環境。書中呈現出巫師、頭目及其相關傳統祭儀，在面對劇變的社會環境中，並非僅做爲社會保守主義的防衛堡壘，或象徵性的社會文化的濃縮價值。更確切地說，首當其衝的她們必須掌握文化延續新生的源頭，才能在部落與外在社會接觸的互動中，持續扮演要角。如面臨部落改宗、SARS與Covid19病毒入侵的應變動員，或經濟轉作後的小米復育等等。

此外，全書更深刻地道出排灣族頭目間的聯姻制度，及其與巫師之間的競合關係、祖靈信仰的豐富內涵、巫師師徒制的轉變與情誼的延續、母語之博大精深、祭儀經文詩辭化之美、後代期盼卻神祕難解的祖靈附身等等。最後，本書還有一個歷史的深度面向，嫾毛灣從自身三代的頭目家族領導女性之內部觀點，帶我們走過翻來覆去的百年歷史，從清朝勢力透過冊封如何進入卑南區域，日本的殖民同化政策的衝擊；到財政困乏的中華民國政府，剛到地方是如何與西方教會的物資醫療互補，以及現今如何面對部落人口外移與現代化的問題等等。總之，不管在情感面或知識面，道德理論或行動實踐，本書都是難得兼具，並得以讓我們窺探排灣文化的精彩之作。

劉璧榛　中研院民族所研究員

【推薦序二】

祖靈揀選、祭儀不墜

東排灣土坂部落祭儀文化內涵之豐富深邃，一直是近代研究學者必訪之地。相關論述發表或叢書出版，如雨後春筍般讓人目不暇給。祭儀體系中最核心的人物——女巫師，從習巫條件限制、立巫艱辛考驗，到執行各項祭儀過程中的奧妙，神祕的心路歷程，不易為外人了解。

眾所周知，土坂部落在祭儀文化延續上未曾因外來統治、威脅壓迫而中斷，主掌部落百年傳統祭儀的包頭目家族歷代先祖，守護貢獻居功厥偉。Patjaljinuk（巴嘉里努克；包頭目家名）自創立迄今，始終維持完整的祭祀組織，遵循著祖先的腳步，忠實謹慎地執行歲時祭儀及生命禮儀，當然，還包含排灣族祭儀中最莊嚴、盛大的五年祭。

女巫師扮演著族人與神靈、祖靈溝通的媒介角色，是族人日常祈求平安福運、問卜請示及醫治疾病的執行者，角色重要性無庸置疑。「頭目若沒有女巫師來執行與神靈、祖靈聯繫的祭儀，任何再澎湃的表面儀式，也就不具任何意義；巫師若斷了傳承不再延續，傳統部落也將徒俱形式空殼。」

我何其有幸，生長在包家大家族的環境裡。我的曾祖母及祖母（嬤芼灣的姨婆）先後擔任首席女巫長達半世紀；祖父則司職「男覡」，負責協助祭儀或勞務工作。我們 **Rusudraman**（如舒然曼；董家家名）與頭目家百年來互動密不可分，榮辱與共。成長歲月裡，參與祭儀成爲我日常生活中的一部分，我樂於擔任祖母的小幫手，但在更多的時候，是祖母親自爲我守護，無論是考試、服役或出遠門，祈福護佑從不遺忘。眞切強烈地感受到祖母對祭儀的敬畏與堅持力量，也讓我對傳統祭儀始終無法置身事外。

值得一提的是，本書撰文者從心理諮商師的專業背景，介紹招魂儀式在心理層面的意義，不禁讓我想起一九八九年意外身亡的父親。父親與年僅十五歲的大哥赴山區採藥，父親卻在獨自前往險峻的獵徑中跌落山谷身亡。不知情的大哥，仍停留在父親行前約好的一處大石旁，等候了一整夜。大哥再見到父親時，已是失蹤五日後冰冷的大體。

時隔二十多年後的一場親友招魂儀式中，亡父透過巫師附身，淚流滿面地向在場的大哥訴說虧欠與不捨，多年壓在大哥心頭那「受傷的小孩」，瞬間獲得療癒與安慰。儘管招魂附身的眞實性，總是讓人半信半疑，但這樣的儀式，卻能眞實地讓亡靈與在世親人獲得心靈上的釋放。這也回應了書中所述：「招魂儀式的療癒，功能其實是雙向的，既在協助往生者安息，也在幫助在世的親人放下罣礙。」

《祖靈的女兒》一書出版，身為家臣內心振奮不已，親表姐嬿芼灣不論是在公職表現或學術成就皆有目共睹，不僅是部落青年學習的標竿與榜樣，更是家族凝聚與前進的動力；當然，也不忘代表家族親友向撰文者張菁芳女士表達由衷謝意。

二〇二三年土坂部落五年祭將屆，神（祖）靈將再次驗證我們為祭儀所做的努力！

文史工作者

董志祥 siyang Rusudraman，二〇二三年七月

序　關於我的巫、我的緣……

在外婆道婉與姨婆包樂思巫術實踐的薰陶下，排灣族的 palisi（傳統祭儀）早就已經成爲我生活中的一部分，不論是生病、考試、成長禮、除穢、解夢……等，儀式陪我成長，點亮我心靈明燈，挹注力量也讓我安定，不知不覺對於 palisi 產生依賴和信任，因爲我相信它的存在和重要性。

生活的日常，經常伴隨著快速流暢又鏗鏘有力的經語，也常常與哀思悠遠和情感連結的祭歌互相應和，經語的音頻及祭歌的旋律裡，不時地喚起自己藏身於體內沉睡祖靈的血液，直到外婆與姨婆分別於一九九九年及二〇〇〇年相繼離逝時，喚醒了我文化傳承的使命。

這本書的產生就如同自己成爲巫師一樣的難以想像更是不可思議。因爲尋常的日子裡，我是一位再也平凡不過的人，爲人女、爲人妻、爲人母，一樣是柴米油鹽醬醋茶，沒啥大不同。在巫儀裡，謹守著祖先遺留的慣習並且服膺在傳統禮俗的規範裡，場場儀式也都必須尋著祖先腳步慎行執司，它是守護、是承諾、是職責、更是我的日常。冥冥之中似乎這是神祖靈的安排，因爲這本書在成形之前，曾經有幾家出版社和我接洽過，但是都無疾而終。

到了二〇一九年，頭目媽媽離逝不久前，因緣際會下認識了嘉芳和菁芳兩位貴人，在咖啡廳裡我們聊起了出書計畫的可行性，但是我並沒有即時答應，因我深怕會觸動我內心塵封已久的往事，如對於已故親人的思念、習巫惶恐的歷程、儀式間身心靈的轉換、難以捉摸又離奇的夢境，以及踏上神靈路上的情感投射等，很多事都藏在內心深處，不願提起也不想面對，常常自我退縮或是淡然處之。但是兩位貴人告訴我：「巫的故事不是只有西方國家才能看得到、讀得到，我們自己就有這麼寫實又精彩的故事，書寫出來才會讓人發現排灣祭儀文化的眞實，藉此也可以破除大家對於巫的迷思。臺灣一樣有『巫』的故事，而且十分豐厚。」

於是，我們閨密般地談心、談事、談天、談地、談靈，每每交談中情緒時而焦躁；時而哀思；時而歡樂；時而富足，或許這就是頭目媽媽要我們完成這件事，因爲她常提醒我：「口述不再是唯一傳承的工具，要寫起來才能永續。」所以當這本書劃下句點時，心中萬分感動，感謝包家歷代先祖們，賦予我豐厚的資產，更謝謝嘉芳和菁芳將排灣族的祭儀文化之美讓世界看見。

巫師肩負著承載過去、理解現在及與神靈溝通很重要的角色，巫術在結構上嚴謹完整，意象豐燦，使用的經語與祭歌繁複、井然有序又具有效力，巫術的實踐，孕育著生命的實在及厚植文化的底蘊。希望本書在保存祭儀文化與巫術傳承的生命史中，能幫助大家了解排灣族巫術基本的雛形概貌。也盼能因此找到心中的答案，喚起我們共同的歷史記憶，找到生命的定向。

Wulja pitja mamili；pitja masa sevalid（代代相傳；永傳不止）

包惠玲 Mamauwan Patjaljinuk，二〇二三年七月

序　生命長河的悠遠史歌

二〇一九年六月中旬，我第一次到土坂部落。部落大頭目旮莱妶剛在一個月前過世，包頭目家族依循傳統儀禮，要在這天為過世一個月的旮莱妶頭目行招魂儀式。舉行招魂前，頭目家族的近親先到山上的部落墳墓祭拜；我不明狀況，和外子跟著坐上有斗篷的發財車，一起上了山。

到土坂之前半年，我和先生剛搬到台東。在這之前，我在美國工作、生活了二十六年，對於部落文化毫無接觸的經驗，遑論是到頭目的墳墓，甚至是在祖靈屋參加神祕的招魂儀式。一直到後來寫稿及閱讀相關文獻時，我才理解到能親眼見證這個多數部落已經失傳的招魂儀式，是多麼特別的因緣。

在包家的祖墳前，近親族人一一上前祭拜。雖是六月天，但那天早上山上天氣涼爽，幾隻老鷹在天空盤旋。在那個屬於家族近親與已逝親人相聚的場合，我和先生是在場唯一的外人。祭拜最後，旮萊姟頭目的么女、部落首席女巫嬤毛灣示意我上前，她對著祖墳、也對在場親族說：「這是來寫我們家故事的張小姐；請她跟媽媽致意。」

嬤毛灣遞給我裝有小米酒的杯子，我舉杯對著包氏宗祠的墳致意時，忽然感覺全身彷如一股電流流過，然後下一秒鐘覺得想哭；我紅了眼眶，不明白自己爲何有這樣的反應。在這經驗發生之前，我對包頭目家族裡歷代女性的故事，一無所悉。冥冥中，那彷如是來自頭目的應許與祝福。

有時候，微妙界域裡的運作及連結，超出我們一般意識的理解；就如同自己爲什麼會在國外居住多年後，搬到台東，接下這個和自己的（諮商）本業毫無關係的寫作任務？這些冥冥中的牽繫，我也不理解。後來寫稿碰到頓挫時，我總會想起那天在頭目墳前的經驗，無形中那給了我力量，讓我將書完成。

＊　＊　＊

此書敘述的是一個台灣土地上極少被訴說的傳奇性故事。透過嬤毛灣的口述，從一個現代女巫的視角，描述其習巫歷程及其與靈界交通的經驗。這之間，也穿插我作爲第三者的報導視角，記錄了包頭目家族的女性宗族長爲保存祭儀文化與巫術傳承，在不同時代所做的犧牲與付出。此書融合了原民研究、文化比較、巫術實踐、祖靈療癒、自我探尋及女性力量等不同面向，不過更重要的是，這個戲劇性的史歌故事，具豐富的文化色彩與深刻的情感敘事，有其人性的動人面。

不過我們爲什麼要認識原民的巫文化？什麼是巫文化？又爲什麼要做文化復振？這些關於原鄉部落的人與事，對台灣社會的意義是什麼？它又如何連結到我們與土地的關係？希望讀者在閱讀此書後，能找到自己的答案。茲分享一些我撰寫此書的感想。

書中以姨婆的過世及父親的溺水意外作爲開場，書裡寫到很多嬷芼灣生命中主要人物的死亡，直面死亡這個議題，以及其中相關的因緣教導。死生之間的帷幕，因著冥陽牽繫的情感，經由招魂儀式，得以被窺掀。透過儀式執行者的視角，死亡不再是驚惶的未可知，而是人性與情感的延展。

原民的祖靈觀，相信祖先的狀態持續影響著後輩子孫的存在狀態；從這個角度來看，祖先並非遙不可及的存在，而是和子孫的生活緊密相連。招魂儀式不僅是和祖先靈魂溝通的儀式，其情感呈現也非常多面與激盪。我有幸親歷招魂儀式的情境，雖然聽不懂族語，但巫師的祭歌哀婉深邃，有種跨時空的幽遠；歷代祖先透過巫師附身，開示指點後世子孫。祖靈療癒其實是家族的情感療癒，這個療癒是雙向的，祖先從靈界庇護子孫，給子孫力量；而子孫靈性狀態的提升，也會反饋迴向給祖先，榮耀祖先的名。生命的長河，得以生生不息。

未知死，焉知生，死生相連。探索我們與祖先的關係何以重要？在世代相傳的習題裡，家族中未曾被意識到的情感型態或困境，一旦變成後輩有意識的覺知後，生命的課題被揭示了，改變於是有了可能。這些習題裡，也許是關係的衝突、財務的困難、不足的自卑、病痛的折磨等，循著與祖先的脈絡，讓我們可以對生命有更大的觀照視野，甚至祈求祖先的庇護與指引，讓祖先成爲我們親密的隊友。一如書中嬷乇瀠在執行困難儀式前，請求姨婆從靈界助她一臂之力般。

此書期能掀開一些巫術的神祕面紗，讓讀者更加認識到原民與自然之力及元素神靈的關係；透過巫師所行的儀式，認識到在物質世界之外的超自然力量。這樣的「力量」無所不在，就個人層次而言，無論宗教信仰爲何，或有無宗教信仰，也不管對「那」的稱呼或名號爲何，能認識到這「力量」的存在，並培養與之連結的內在能力，對處身於曖曖塵世的我們，在面對價值的混沌時，這種內在自帶的明燈，讓人安穩。

＊＊＊

在部落裡，儀式與生活的關係密不可分。不過，傳統祭儀在現代社會如何被運用，是文化復振過程中無以避免的提問。從搖籃到墳墓，部落的各式祭儀是由女巫執司，女巫是部落精神文化的傳承者，也是神祖靈訊息的傳遞者。族人相信祖靈與之同在，復振文化時，必要和天地自然、和祖先做通報；若沒有祭祀這件事，沒有巫師透過儀式與神祖靈溝通，復振就失去其精神面。在時代的流變中，要復振的不只是過往生活的外在形貌，還在於內在的精神，這是原生文化的底韻，是原民多世紀以來生活的慣習。這種與自然萬物溝通的巫術實踐，深植在原民的文化基因裡。

從文化比較的角度，原民與漢人皆崇敬祖先；台灣民間信仰裡，透過靈媒，求神問卜，也是經常可以看得到的儀式實踐。閩漢社會裡的神靈遶境、迎神送神，和排灣族的五年祭，其實有著相似的神靈觀。透過祭祀及儀式，傳遞對神祇的情感投射，祈求民安與庇護；不過無論祭祀形式的異同，最重要的是，虔敬的情感，原漢皆然。

進到部落，會發現在這裡，親族間的關係緊密。嬤乇灣與旮莱妶的母女關係，書中有不少描繪，甚至和外婆及姨婆三代女性間的情感連結與感應，皆來自她們對文化傳承的守護與承諾。這份恪守傳承的意志就像火炬，成爲她們面對生命困境時的信念，也是她們帶領部落走過環境變遷的重要支撐。其間，男性的角色雖然較處在背景裡，卻是無法被忽視的存在。某方面而言，男性意外的缺席或在旁的輔佐，造就了家族裡女性的堅強與舞台。

＊　＊　＊

我自身的成長背景，來自於漢人的都會環境；撰寫此書時，我才了解到原來這塊土地上有這麼多事件與歷史，是自己不曾知悉的，我們往往太囿限於商業主流的詮釋觀點。此書不僅是排灣族頭目家族爲保存祭儀文化與巫術傳承的時代故事，它其實也是生命的回歸之旅。因爲書寫的因緣，我有幸認識一些精彩的原民朋友，在聆聽他們故事的過程中，我發現所有的故事儘管內容不同，但都有一個回歸的主軸：在各種的歷經後，他們回到部落或回到自己生命的來處，與曾經的生命斷點重新連結。這個回歸，並不單只是回到某地，而是回歸內在最原始的本質；這個渴盼，有著情感的普世性。

無論是否成長於部落，我們對母體文化的溯源，來自於人們想與自身情感臍帶連結的深層渴望。原鄉，因之成爲一個跨族群的符號。面對顚躓的世界，這個符號是我們對眞樸自然的集體投射、對返璞歸眞的孺慕、對互助共榮的企盼，這成爲我們內心共同的「原鄉」。

這塊島嶼上豐富的人文，讓我們看到不同族群在這塊土地上所流過的汗水與淚水，是這種蘊藏的生命力，讓我們的土地更加生機無限——在這「原鄉」的土壤裡，開出了各種生命樣態的花朵。

我們從別人的故事中，也看見自己。

張菁芳，寫於二〇二三年春天

書中出現人物關係表

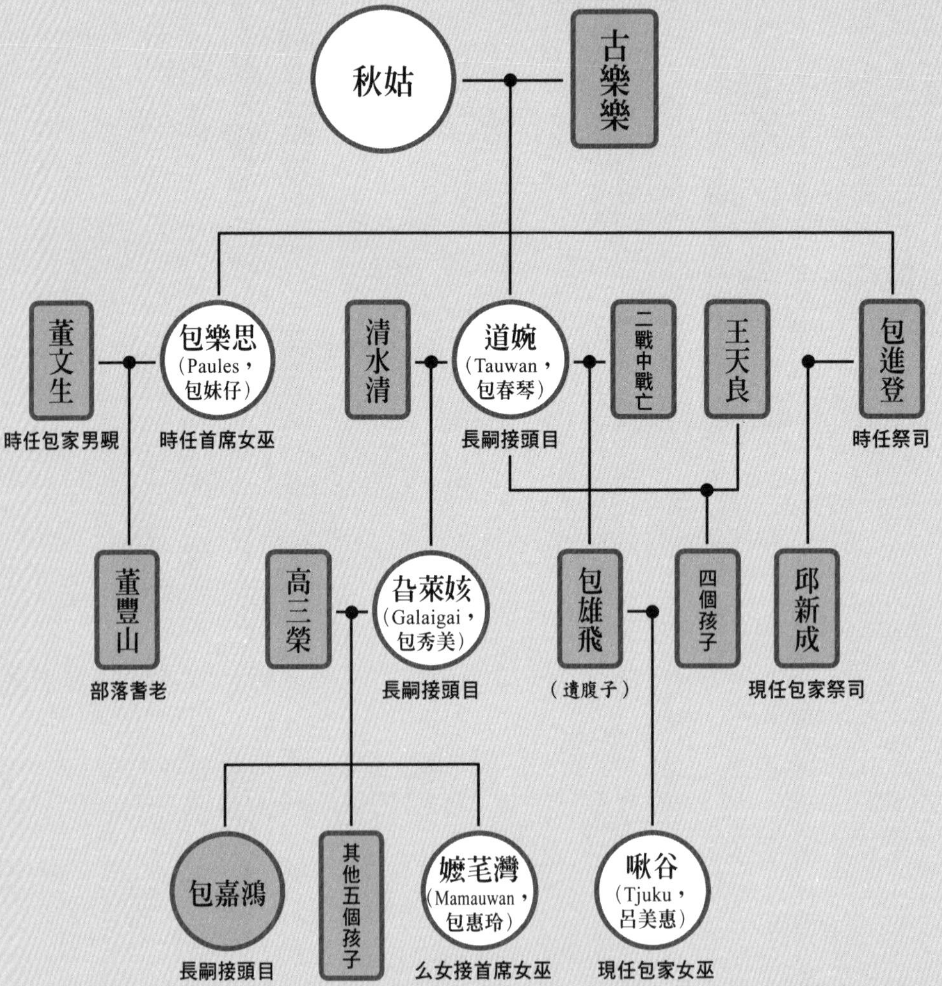
秋姑
古樂樂
董文生
時任包家男覡
包樂思
（Paules，
包妹仔）
時任首席女巫
清水清
道婉
（Tauwan，
包春琴）
長嗣接頭目
二戰中戰亡
王天良
包進登
時任祭司
董豐山
部落耆老
高三榮
旮萊妶
（Galaigai，
包秀美）
長嗣接頭目
包雄飛
（遺腹子）
四個孩子
邱新成
現任包家祭司
包嘉鴻
長嗣接頭目
其他五個孩子
嬷毛灣
（Mamauwan，
包惠玲）
么女接首席女巫
啾谷
（Tjuku，
呂美惠）
現任包家女巫

包家頭目與首席女巫傳承表

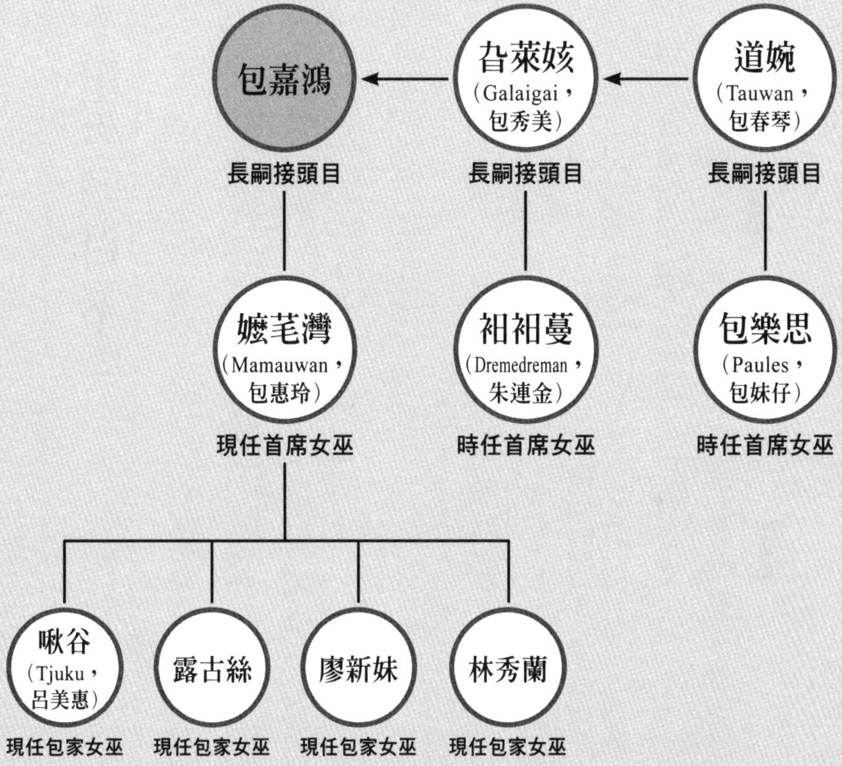
包嘉鴻
長嗣接頭目
旮萊妶
（Galaigai，
包秀美）
長嗣接頭目
道婉
（Tauwan，
包春琴）
長嗣接頭目
嫝毛灣
（Mamauwan，
包惠玲）
現任首席女巫
袓袓蔓
（Dremedreman，
朱連金）
時任首席女巫
包樂思
（Paules，
包妹仔）
時任首席女巫
啾谷
（Tjuku，
呂美惠）
現任包家女巫
露古絲
現任包家女巫
廖新妹
現任包家女巫
林秀蘭
現任包家女巫

1 出生頭目家庭

那個年代，尚稱得上是部落裡巫師的黃金年代。孩子們仰望著這些大樹，從來沒有想過有一天大樹也會凋零。

平日住在台東市區的排灣族巫師嬤苳灣，在週末回到自小生長的土坂部落。這天等待她多時的族人一見到她，如釋重負，忙不迭地述說碰到的問題。嬤苳灣耐心地聆聽族人的各種請託與疑難雜症，從考試祈福、新屋納福、久病不癒、夢占問卜，至親人過世的招魂等，不一而足。事實上，嬤苳灣已經很習慣週間及週末在兩種角色間穿梭來去，這已是她過去十幾年來的生活。

嬤苳灣（Mamauwan，漢名包惠玲）❶，一九七二年生，目前是土坂部落的首席女巫。她自二〇〇八年被封立為包頭目家（排灣族語 Patjaljinuk，巴加里努克家族）的女巫以來，對於族人的請託，總是盡己所能、全力協助。包家前頭目旮萊妶（Galaigai，漢名包秀美）甫於二〇一九年五月過世，她是嬟毛灣的母親。對於照顧部落需要，嬟毛灣有著責無旁貸的使命感，在這方面，嬟毛灣的母親給她很深的影響，「媽媽給我的觀念就是：你一旦當了女巫，這是天命，族人有需要，你就是零拒絕。」

除了執司部落裡各項歲時祭儀、為族人消災解厄外，平日在週間，嬟毛灣還有另一頂帽子：她是台東縣達仁鄉公所新上任的民政課課長。感受到文化傳承的任重道遠，過去數年，她同時也回校攻讀碩、博士學位，目前仍在國立東華大學族群關係與文化學系攻讀博士學位。

註釋：

❶書中人物之名，根據當事者意願，族名與漢名交互使用。

從沒想過要當巫師

作爲土坂部落有史以來學歷最高的現代女巫，嬤苳灣坦言，她雖然成長在頭目家族，但她從來沒有想過要當女巫（排灣族語稱 pulingau）。會成爲巫師，除了自身特殊的成長經歷外，家族的期待及文化傳承等環境的推波因素，讓她踏上了這條不歸路。

土坂部落位於台東縣達仁鄉，距離台東市區逾四十公里。達仁鄉在南迴線最南端，屬山地原住民鄉，鄉內村落多位於中央山脈內的山地偏遠地，這裡除了原始的自然風貌外，也保存了傳統的排灣族文化。

部落裡共有三個頭目家族：包家（Patjaljinuk）、古家（Saljingusan）、陳家（Ladan）。三大家族在部落族人眼中的排序，以先立碑、建部落的包家爲首，各家族彼此尊重，互助共榮。

包家在土坂部落是聲望崇隆的頭目本家，嬤苳灣的曾祖們、外婆及母親皆是頭目。在排灣族社會，頭目是長嗣繼承的世襲制，男女平等。嬤苳灣的母親旮萊妶過世後，現任頭目由剛選上土坂村村長的嬤苳灣大哥包嘉鴻承繼。

嬤苳灣家學的淵源，來自部落的頭目及巫師兩大傳承系統。嬤苳灣的外婆、大頭目道婉（Tauwan，漢名包春琴），是排灣族的傳奇人物，有著過人的膽識。道婉十四歲就接任頭目，在日治時代，她跨過大武山，親自到屏東縣來義鄉古樓村，把當時在舊古樓部落的親族接到土坂部落定居，開枝散葉後，成爲現在土坂部落裡的陳頭目家族。

嬤苳灣的姨婆包樂思（Paules，漢名包妹仔）則是部落裡的首席女巫，掌理所有歲時祭儀及族人生命儀禮。包樂思在世時，是當時東排灣巫術最高的巫師。嬤苳灣從小就看著姨婆帶領著她的巫師群，在各種儀典中唱誦祭歌、經文，對於巫師、巫術，及巫文化，她自小耳濡目染，對那股「神祕力量」有一種不自覺的想像與神往。

對巫文化從小就有親近感

嬤苳灣提到，她小時候因爲家裡的老房子重建，他們有將近一年的時間搬到祖靈屋。那時晚上聽到 vuvu ❷ 念經文或唱祭歌，或一大早看到巫師群的祭祀儀式，都讓她覺得很有

❷ vuvu 是排灣族語，意指祖父母輩的長者。

包頭目祖靈屋前的石碑。排灣族講究社會階序，只有頭目家族才有祖靈屋。（張菁芳攝）

安定的親切感。儀式進行前，她通常都是大人差遣的小幫手，譬如折杜虹葉，或跑腿去買祭祀用的酒；然後儀式一開始，大人怕小孩在儀式中打噴嚏犯禁忌，就會要小孩們離開。

「我很喜歡看 vuvu 們念經文、做儀式，很喜歡巫師的那種頻率，覺得很好聽，更喜歡聽她們講那些神話傳說及口述歷史。」幼年的嬤乇灣當時不會知道這些幫大人跑腿及參與儀式準備的點滴日常，除了是她珍貴的童年回憶外，也成爲蘊育她日後成巫的文化養分。

那個年代，尚稱得上是部落裡巫師的黃金年代。孩子們仰望著這些大樹，從來沒有想過有一天大樹也會凋零。不過，在過去大半個世紀，隨著時代變遷，西方宗教傳入，部落的傳統信仰漸形式微，巫師也愈來愈稀少。

巫師是原生信仰的根底

在傳統信仰深厚的年代，族人相信耕作或打獵是否順利，取決於祖靈的庇佑，因此能在祭儀中與祖靈對話的巫師，不僅是原民文化的靈魂人物，也在部落裡受到尊崇。排灣族的社會制度裡，凡事皆有祭儀作爲開始與結束，而祭儀的關鍵人物則是靈媒——女巫。因此之故，巫師的存在，也攸關排灣族祭祀儀典與原生信仰的維繫。

巫師（或稱靈媒），英文稱 **shaman**（或譯稱薩滿），係指能運用超自然力與屬靈世界溝通的通靈者或神職人員，被認爲有能力進入「人神」狀態，以及旅行到屬靈世界的能力。巫師與巫文化遍存於古今中外、古老的人類社會，如美洲的巫覡宗教、薩滿信仰、台灣民間信仰的乩童、原住民社會的靈媒巫師等。常見的巫術有附身、占卜、儀式、藥草、咒語等，主要目的在趨吉避禍、祈福平安、驅魔招魂等。

排灣族一年中大大小小的祭儀很多，傳統祭儀是排灣族神靈觀及原生信仰的綜合呈現。祭儀的司祭者——頭目，與祭儀的執行者——首席女巫率領的巫師團，在祭儀中相輔相成，凸顯巫師、巫文化與傳統祭儀之間環環相扣的關係。

排灣族巫師所執司的祭儀，主要分爲兩類：一爲部落性的歲時祭儀，諸如關乎部落平安與作物豐收的小米收穫祭與五年祭等；另一則爲個人或家族的生命儀禮，諸如祈福或招魂等。這些儀典，均是排灣族原生文化的體現。

對嬤苳灣而言，家族裡的巫師群及頻繁的歲時祭儀，一直是她再熟悉不過的文化經驗與存在。「我覺得我們的 vuvu 都好厲害，我們一直很仰賴她們，很習慣她們的存在，沒有想過她們會離開，直到她們一個個過世，一直到首席女巫、我的姨婆包樂思也離開，我們這下才驚覺：我們沒有巫師了！」

若頭目沒有巫師怎麼辦

土坂包家從歷代先祖到現在，能一直鞏固其頭目地位，和強大、紮實的巫術及巫文化有關。土坂部落位於倚山傍水的山脈谷地內，清

土坂部落位於倚山傍水的山脈谷地內。（張菁芳攝）

澈的大竹高溪綿延境內的山谷，猶如一條被排灣族視爲神聖圖騰的百步蛇，環繞保護著整個村落。由於地理位置得天獨厚，讓土坂部落不易受外族影響，成爲台灣極少數至今仍保持頭目家臣制度的部落，並傳承了排灣族完整的祭儀文化。土坂部落是東排灣惟一仍保持完整五年祭的部落，在包家的主持及其他頭目家族的響應下，這項排灣族最重要、每隔五年舉行的傳統祭儀，一百多年來從未中斷。

傳統儀式得以延續，除了歷代頭目的堅持外，頭目家族完整的家臣體系也扮演了關鍵角色。在該體系下，幕僚家臣包括：首席女巫及她率領的女巫師團、祕書/發言人、祭司、男覡（男性巫師）、國師及牲禮師，皆受頭目統領。

「如果頭目沒有巫師團的協助，透過超自然力量去照顧部落族人的話，若只有歌謠舞蹈，其實這個（頭目）位子很容易被複製及取代，但女巫、巫術這些東西，沒有辦法這麼容易被複製，甚至造假。」

嬤毛灣其實點出一個很窘迫的現實：「現在排灣族部落很多頭目都沒有巫師，沒有巫師，你做頭目怎麼保護族人？」

巫師傳承面臨斷炊的難題，包家其實在十多年前，剛深切經歷過。

巫師斷層的危機

當年嫞毛灣的外婆道婉擔任頭目時，當時她的首席女巫是自己的妹妹包樂思。姊妹二人，頭目與巫師，配合無間。在嫞毛灣的記憶中，她的姨婆包樂思，責任感強，行動力十足，「只要碰到祭儀，姨婆一定很主動，馬上去做，從來不用外婆操心，是外婆得力的左右手。」

但包樂思一過世，巫師青黃不接的問題就來了。隨著老巫師相繼離去，包家最後只剩下碩果僅存的巫師，祖祖蔓（Dremedreman，漢名朱連金）。

「和排灣族社會的階序觀念有關，巫師一定是依附在頭目之下，因爲巫師的靈力、能力，都承接自這個頭目體系，尤其是首席女巫。」不過當首席女巫並非來自頭目本家時，對於照顧部落族人的責任義務，可能就有不一樣的認知排序。在包樂思過世後，時任頭目的嫞毛灣母親㕷萊妶，這時開始碰到瓶頸，巫師變得不再那麼好請。

包家此時幾已沒有巫師，當旮萊妶要立唯一的巫師祖祖蔓爲首席女巫時，當時各種內外部因素，讓祖祖蔓拒絕了這個邀請，認爲頭目的「誠意不夠」。這讓包家一直以來的隱憂：巫師後繼無人的困境，整個浮上了檯面。

「媽媽那時正愁著怎麼辦，因爲頭目一定要主持歲時祭儀，這關係到整個部落是否能風調雨順、五穀豐收。媽媽以前是外婆（頭目）及姨婆（首席女巫）之間的幫手，就像我這樣，從小就跟著學、跟著做，她什麼都會，最後她就決定自己來。」

聘不到巫師，旮萊妶不得已下，決定自己上陣，「校長兼撞鐘」，頭目兼巫師，全部自己來。沒想到，時隔一年後，祖祖蔓主動來找頭目旮萊妶，願意被封立爲首席女巫。「後來我們才知道祖先託夢給 vuvu（祖祖蔓），要她過來接首席女巫，我們才解決這個棘手問題，大家都鬆了一口氣。」

危機雖暫時解除，但在經歷了這個迂迴起伏的過程後，卻也讓旮萊妶深切體會並感嘆巫師斷層的危機，「媽媽一直很掛慮，她說這個情況不能繼續下去，一定要有人去學巫。」

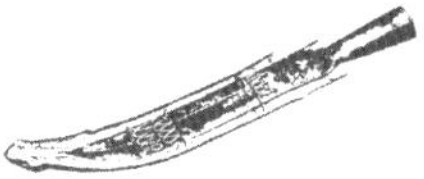

2 父親的溺水意外

在昔日的土坂村，有一個守望相助的大鼓鐘，只要部落族人遇山難或意外發生、需要動員部落族人協尋時，村長就會去敲那個鐘。「其實我以前很怕聽到那個鐘聲，特別是以前鄉下比較偏僻，交通又不便，意外死亡的事件很多；每次那個鐘一響，整個部落氛圍昏暗，我就覺得很恐怖，心裡很毛。」

嬤芼灣的母親旮萊妶頭目，育有七個孩子，四男三女，嬤芼灣是么女。由於自小伶俐、很會說話，嬤芼灣自幼即最得父親歡心與疼愛。但嬤芼灣十歲那年，父親卻因溺水意外而不幸身亡，從此開啓了一段長達數年、她與在冥界的父親交通、對話的神祕經歷。嬤芼蠻描述起父親發生意外那天的情景，即使是四十年後，對她仍然是歷歷在目，彷如昨日。

「意外就發生在部落下方的大竹高溪河床，我其實並不清楚爸爸當時是怎麼走的；只記得那時候部落每一個人都下去河床找我爸爸。」

父親死亡前的異象

嬤芼蠻憶及，她的父親離開那天，發生過一些不尋常、彷似靈魂回來的異象。

那天清早，十歲的嬤芼蠻參加學校的遠足活動，她興高采烈地搭上巴士準備離開，就在車子要駛離部落之際，嬤芼蠻看見她所熟悉的父親身影，正在巴士後方拼命對她揮手，大聲地叮嚀她要「快快樂樂地出門，平平安安地回家」。

那一幕，也成爲父親生前留給她的最後影像。

那天嬤芼蠻遠足返家後，即聽到一位族人來家裡告訴她母親，在部落不遠處的河床邊，看到她的父親，覺得他走路非常慢，和平常不一樣。

「族人當時問我爸爸：『是不是東西扛得太重，要不要幫忙揹？』我爸爸坐下來，婉拒對方的協助，『沒有什麼，你先回去，我休息一下就好。』族人看到我爸爸後面的籃子是空的，但走路已經很吃力，族人覺得有異，很快地跑到我家，向我媽媽通報此事，認爲應該趕快派人去接應我爸爸。

「碰巧族人來家裡講此事時，我當時就在門口，一五一十地聽到那個對話。我爸爸那天明明是請工人陪他一起上山農作的，媽媽就要我去看看那個工人是不是已經回家，因爲他們兩個人是一起出發的。

「我跑到那工人家時，他居然已經從山上回來，而且正在洗澡。我著急地問他：『我爸爸哩？我一直在找我爸爸！』工人說他們本來是走另一條摩托車可走的路，結果他忘了拿鑰匙，必須折返回山上拿；我爸爸擔心媽媽等太久，就決定先從河床回去。我一聽，心涼了一半，我跑回家跟媽媽說：『爸爸從河邊過來，那工人在洗澡了。』媽媽說：『不對啊，你爸爸剛剛跟我說他回來了。』

「媽媽說她明明聽到爸爸跟她說：『Asagu，我到了，我回家了。』媽媽這時不明所以地忽冒出一句：『也許是你爸爸的魂回來。』這話一說完，我開始有不祥的感覺。可能那時候爸爸已經走了，可能族人一離開，爸爸過那個河就發生意外，或許是他的魂回來。

「媽媽覺得不對勁，要我趕緊去找找爸爸最常去的地方，因爲爸爸最疼我，我很熟悉他每個落腳點。當我找遍每一個他常去的地方，卻不見他的蹤影，心裡愈來愈不安，媽媽也覺得事態很不妙。時間過了一個多小時，爸爸還是沒回來，媽媽就和外婆先叫了一些自己人，每個人帶著手電筒下去找；又過了一個多小時，還是沒有動靜，媽媽決定請村長廣播找人，一廣播就是整個村莊動員下去找。

「我跑去學校的角落，一個人在那裡俯看整個河床，河床上本來很多手電筒、很亮，隨著找尋時間愈久，慢慢變得昏暗，我的心愈來愈沉。

「就在這時，那個我最怕聽到的鐘聲，噹噹地急速響起，我頓時頭痛欲裂。一聽到那鐘聲，我一路哭著跑回家。一回到家，就看到我的外婆正在祖靈屋祭告，就是說要我爸爸回來，要找到回家的路，不要這樣在外面遊蕩。然後外婆一看到我，就說：『你跟我一起下去找你爸爸，他最疼你。』

「結果我一下河床，腳剛一踩到水，就看到我爸爸躺在那裡，身體冰冷、已經沒有呼吸了；我整個人失控地對著山吶喊，我很害怕，不敢看也不敢靠近，哭喊到沒有聲音，後來我忘了是怎麼回來的……。

「其實在那之前，爸爸很多異常現象也都被我看到。譬如他睡覺抱著我時，我看到他眼角泛淚，嘆著氣：『我這麼疼你，我如果走了，我把你一起帶走好不好？』或者他會說：『我走了，這個家怎麼辦？』所以我知道有些人要走的時候，自己會有那種預知。」

尋找父親的焦慮夢境不斷出現

目睹父親身亡的那個情景，對當時還年幼的嬷芼灣是很大的心理衝擊與陰影。這之後，她開始不斷出現找尋父親的夢境，「也許是我爸爸怕我忘了他，我從那時候開始，一直夢到我爸爸。

「一直到我高中三年級，我經常有這樣的夢境：在我們部落的各家各戶、在我爸爸經常去的那些叔伯、耆老家，不斷尋找他的蹤影。

「有時爸爸不想讓我看到他，夢境的內容會變成我在尋找別人，那個臉不是我爸爸的臉，但那種迫切尋找的焦慮情緒及場景，始終一樣，令人毛骨悚然。」

嬤毛灣念國中時，暑假期間到高雄上課，卻得了水痘發燒。無力地躺在床上時，她很清楚地感知到她的父親從她平常上樓的那個動線，來到床邊探視她。

「『爸，我眞的很痛苦。』

「『我知道，所以我來看你了。』

「『你怎麼那麼快就離開，我好想你，都沒有人照顧我。』我爸爸就跟我道歉。他從頭到尾沒有離開，就一直在我旁邊。」

對神祕、未知的現象，年少的嬤毛灣其實那時候很害怕，但她不敢把這些經驗說給任何人聽，深怕別人覺得她不正常。「我爸爸不讓我睡覺，我一直夢到他；我常從夢境中嚇醒，嚇到整個人躲在被子裡冒冷汗，嚇到哭、起雞皮疙瘩，完全不知道怎麼辦！」

父親對家人的愛與眷戀，讓他的靈魂不捨離開，於是一直徘徊、出現在嬤毛灣的夢境中；而夢裡尋找父親不得的焦慮，以及對未可知現象的恐懼，雖然困擾著成長中的嬤毛灣，卻也是她和在冥界的父親一種神祕的連結。

幽幽地長大後，嬿芼灣多年後回顧和父親的這段經歷，發現冥冥中，在她習巫前，其實就已經在一步步訓練她的過人膽量。

靈異體質成爲被倚賴的夢占

這其間，嬿芼灣還遇上一樁離奇的山難事件。當時罹難者經過一個禮拜都沒找到，整個部落動員下去找，還是找不到。結果那天晚上，嬿芼灣居然夢到這個罹難者，「經過一個禮拜，那人的面容當然是很難看，身軀早已不全，整個都是蟲。隔天我問我媽媽：『是不是找到了？』她問我：『你怎麼知道？』我回：『是不是在那個位置？』她說：『你又夢了哦？』我繼續描述那個人的樣子，再進一步求證，發現怎麼都一模一樣。」

這事其實讓嬿芼灣感到發毛，「我是正常人，我當然會怕，但是我覺得我媽媽那個角色扮演得非常好，爲了安定我的心，她跟我說：『我怎麼都跟你夢得一模一樣！』後來我才知道其實她根本沒有做同樣的夢，她只是不想我害怕，才這麼跟我說。那時候我只覺得無解，爲什麼這些東西都跑到我這裡！」

後來又有一次大人們要去舊部落尋根，出發前要去祖靈屋先問卜，那時約十二歲的嬷乇瀠剛好在祖靈屋外面玩，沒有特別注意大人們在做什麼儀式，只約略聽到一句話「等託夢」。「我那時候六年級，當然也不知道她們在幹嘛或拜些什麼。隔天早上，我跟我媽媽閒聊：『我昨天做了一個很奇怪的夢。』她問：『你做了什麼夢？』我就跟她仔細描述了夢的內容，她聽了只說：『哦，我也一樣，也做了這個夢。』」

結果沒想到，那天晚上，所有人就被集合到包家，年少的嬷乇瀠被圍坐在中間，大人們熱切地要她把前一晚的夢說出來，再由當時的頭目、嬷乇瀠的外婆解夢，指示大家要如何去舊部落、要準備些什麼、要注意哪些事……。

學習和亡魂溝通，劃清陰陽界限

嬷乇瀠的靈異體質，讓她從小特別容易夢到冥界亡魂的未了之願。看她一直被這些夢境所困擾，她的外婆教她：「要跟對方講話，不能怕，你的氣勢一定要比他強，也可生氣地吐口痰，趕對方走。」

之後，嬤毛灣又做了一個奇怪的夢：「我們去掃墓，我無意間注意到一個墓碑，當時我心想：『那墓碑怎麼都沒人去整理，子女在忙什麼……』；可能有人先前路過，同情地隨手放了一個阿粨（原住民的小米粽子）在墓碑上。結果那個老人晚上就帶著那個阿粨來夢裡找我，說掃墓時都沒人去祭拜，他在那邊等很久也很餓。

「我那時覺得很生氣，我只是不經意地看了那墓碑一眼，怎麼又是我，也覺得很害怕；但那時候，我想起外婆的獨門教戰守則，我覺得我不能再怕、任他們隨心所欲，我必須試著和對方溝通。於是我試著壯膽跟對方說話：『啊你手上不是有阿粨，肚子餓時可以吃，你幹嘛不吃？』他回我：『只有吃這個會口渴，沒有人拜酒。』我理直氣壯地指著另一邊：『你的家在那一邊，你可以回家找飯吃，不要來找我。』我那時候從害怕到試著學習跟亡魂溝通，慢慢不再退縮。隔天我媽媽就去找了那戶人家，提醒他們找時間去掃墓。」

在學會了與亡魂溝通後，嬤毛灣後來也開始與在冥界的父親交通。「到後來，我都在跟我爸爸對話。其實我的膽量後來已經被訓練到不管夢的內容是什麼，我都可以很鎮定，而且能和對方一來一往對話；無形中，也開始會解夢。」

後來習巫時，嬏乇灣也出現很多夢境，尤其是當第一次面對大體及意外事故時，她已經不再會害怕，反而可以很沉穩地處理一切。「很多人覺得我膽子很大，但我都覺得還好啊；後來想想，其實這和我在成長期間與爸爸的那段經歷很有關係。」

巫師路辛苦，不被鼓勵習巫

在排灣族的習巫傳統裡，成爲巫師有一些條件，諸如家族中曾有祖先是巫師、可以承繼祖先的靈力，以及必須爲神靈所揀選，如出現神啓等夢兆。

嬏乇灣因從小就擅於表達、也有膽識，加上具有容易感知及接收夢兆的靈媒體質，其實她的外婆和姨婆很早就看出她是習巫的不二人選，「特別是在舊部落尋根那個夢境之後，我外婆和姨婆都覺得有傳人了。」

不過縱使如此，對於習巫，長輩的心情還是複雜的，沒有特別鼓勵她，「我的姨婆深知巫師這條路非常辛苦，她跟我說：『你會讀書，還是好好地去讀書。』可能那時姨婆認爲自己身體還可以，所以沒有很強烈的迫切感要後輩去習巫，主要仍希望我們把書讀好，將來能有更好的生活。」

對於文化傳承，包家的觀念一直認爲，文化固然重要，但還是要先有穩定工作、能先塡飽肚子，才能支撐文化的傳承。「我外婆那時就說：『還是好好讀書吧，不要去學這些東西。』」

3

外婆的異國戀情

以當時的時空背景，道婉當年的許多行徑，是突破禁忌、走在時代前端的，包括與異族人士自由戀愛、未婚生子，甚至以靈活的政治手腕及辯才，在當時的日治政府下，爲部落爭取到保留傳統祭儀的空間。不過這一切，尚只是道婉的人生序曲。

包家的祖靈屋裡，一入門，在高大、祖傳的祖靈柱❶旁邊，有一尊猶如眞人高、面相頗具威儀的肖像，那是土坂部落的傳奇人物、在位逾六十五年的大頭目道婉。

嬤毛灣的外婆道婉，十四歲即成爲頭目。那個對多數少女而言，還是荳蔻年華的作夢年齡，十四歲的她，已經獨挑大樑，扛起部落大小事。她除了是土坂部落的聯合大頭目、助產士，也曾擔任過第二屆達仁鄉鄉民代表（一九四八至一九五〇年），是達仁鄉首位女性民意代表；更因多年來保存排灣族傳統祭儀文化不遺於力，在一九八六年獲教育部頒發「民族藝術薪傳獎」。

不過在這些功勳榮耀的背後，鮮少有人知悉道婉為延續部落傳承所作的犧牲與捨離。

及笄之齡銜命上陣

道婉，一九二一年出生於日治時期的大谷社，即今日的台東縣達仁鄉大竹溪流域一帶。道婉的父母古樂樂和秋姑，分別來自大武山東西兩側、大谷系及土坂系兩個勢力龐大

---

❶包家頭目的祖靈屋，一進門即可見到一根高大的祖靈柱。該祖靈柱年代久遠，一路伴隨頭目家族的遷徙從舊部落到現址，代代相傳，是祖靈屋中舉行祭儀的獻祭對象，也是人與神進行溝通重要的仲介。部落所有祭儀的舉行、重大事情討論等，都必須在祖靈柱前透過詢問祖靈的方式決定。該祖靈柱承載土坂部落的歷史脈絡，在排灣族的傳統祭儀與文化保存上扮演重要角色，被文化部文資局登錄為珍貴文化資產。祖靈屋的功能有些類似漢人社會的宗祠堂，傳統上是部落一切事務的聚會中心，也是族人祖靈信仰的精神中心；部落裡大小事皆是來此由巫師進行祭祀與占卜，祖靈屋多設於頭目家屋的旁邊。

的頭目家族，是兩個大頭目聯姻。來自環境的塑造與家族的期待，長女道婉六歲就開始學習排灣族傳統舞蹈，對祭儀文化、歌謠舞蹈及口述歷史等，樣樣精通。

道婉的父母在當時是有名的姊弟配，古樂樂身體羸弱，妻子秋姑比他長十幾歲。嬤毛灣表示，「我的祖先都是頭目聯姻，包括他們的弟妹也都是頭目家族聯姻，一直保持親族勢力。」道婉就在這種必須延續家族傳統的深切期待下成長，從小就知道自己要承繼的使命。

在父母雙亡後，道婉以十四歲之齡，繼位為巴加里努克（Patjaljinuk）家族的第十五代頭目❷，掌管大谷、古樓、土坂三方的排灣族部落；這樣的家勢，在排灣族是少見的。道婉年紀雖輕，卻才術兼備，口才及膽識皆過人。

道婉繼位為大頭目後，即遇到日治政府為便於統治管理原住民，對原民部落發起遷徙計畫。根據部落耆老的口述，當時，在日本警察的慫恿影響下，僅十七、八歲的道婉以家族頭目的身分，代表台東縣親族到屏東縣來義鄉舊古樓部落，以流暢的口才，說服當地的親族移居。一九四〇年，舊古樓部落有約六十戶遷居土坂村，也奠立土坂部落後來成為達仁鄉最大排灣族部落的基礎。

道婉的聰慧，其實從她於一九三二年入學日治時代四年制「蕃童教育所」、畢業時名列前茅的成績，即可見一斑。後來她留校擔任助理教師，先後達七年。任職期間，日警看出她是能擔負重責的人才，栽培她先後到各地參加助產士訓練，有計畫地培植她成為醫護人員。

與日本警察的異國戀情

從道婉的早年經歷，可以看出她和日人互動良好；不過最緊密的一段，當屬她和日本警察清水清的跨族裔戀情。

❷關於包家頭目傳承到第幾代，說法莫衷一是。有說道婉（包春琴）頭目是第十一代，有說第十二代，也有說是第十五代，不同文獻有不同記錄，子孫的說法也不一。究其原因，排灣族沒有文字，文獻資料是根據訪問不同部落耆老所做的田野訪談，但由於口述歷史的誤差，而有不同的引用。

日治時期，日人對原民部落實施「理蕃政策」，從初期的綏撫，至後期的積極治理與同化教育。遠渡來台，進入陌生「蕃地」的日本警察清水清，即負有這樣的「理蕃」教化任務。

清水清被派駐到台灣前，在日本已有妻小，時值壯年。來到土坂部落的警察官吏駐在所後，從剛開始的寂寥不安，至慢慢看到紅白相間的櫻花綻放於溪谷間，逐漸被部落的質樸原始之美所感動。在進入土坂部落後，清水清結識了正值碧玉年華、秀外慧中的包家大頭目道婉，當時道婉正在日人的「蕃童教育所」擔任助理教師。清水清深被道婉直率強烈的氣質所吸引，而清水清的身分位階在當時殖民的權力結構下，也確實能帶給道婉及部落所需的保護。各種主客觀因素下，兩人墜入愛河，譜下日蕃情愛故事的一章。

和道婉的這段異地情緣，讓身在異鄉的清水清，思鄉疲憊的心有了慰藉；而部落傳統的生活，也讓他嘗到返璞歸眞之感。彷彿在這個自成世界的原鄉異域，他可以暫時忘卻所有的責任，吸到野性自由的空氣。

不過，這樣青春無羈的生活與豐饒原始的山林，終究只是短暫的歡樂。暑盡寒來，兩人在一起一段時日後，道婉發現自己懷了身孕，但卻在此時，清水清要被調回日本。兩人須面對的現實差異，終於來臨；分離是心傷的，面對也是艱難的。清水清返日後，回到了妻小身邊，而這段曾在台灣的露水情緣，成了他日後四十年深藏心中、難以言說的隱衷。道婉年紀雖輕，卻充滿強韌的生命力，她面對自己頭目的身分及對部落的守護責任，所有的辛苦，她都吞了下來。

隔年，一九四一年，道婉和清水清的女兒旮莱姟出世。嬚乇灣表示，她的母親旮莱姟終其一生，身分證的父親欄位都是「父不詳」，也始終沒有見過自己的日裔生父。

清水清回到日本後，二戰結束之後，和妻子又生了兩個孩子，他和妻子一共育有九個孩子，夫妻倆先後於一九八四年過世。清水清過世後，子女在整理他的遺物時，意外發現了這段他們的父親從未說出口的祕密：原來父親早年在台灣，曾經有過這麼一段刻骨的異國戀情，還有一個未曾謀面的女兒。

從清水清的信件內容中，可以看出他和道婉曾有聯繫，也保留了女兒旮莱姟成年後的照片，不過已各自有生活的兩人，選擇互不打擾。清水清的女兒則是在發現父親的信件後，寫了信到台灣來尋親。嬷毛灣憶起她小時候，每逢元旦，家裡都會接到日本打來的電話，「那是日本的舅舅、阿姨們打來賀年的問候電話。」

根據清水清女兒的描述，清水清至為疼愛兒女，手足間是在豐沛的父愛中成長，也為㚢萊妶未能享有過這樣的父愛，替父親感到虧欠。至於清水清本人對未曾謀面的女兒的心情，也許可以從他用心收藏著從台灣來的信件與照片中，窺見一二。

春美女士台鑒❸

晚夏時期天氣炎熱，請問您是否安好？

唐突來信可能令您吃驚，而我猶豫許久，不知該從何下筆，寫起此信也是提心吊膽。

我是清水清的女兒，名叫清水聖（せい），兄弟姊妹共九人，男三人，女六人。

---

❸此應為㚢萊妶漢名包秀美的誤植。

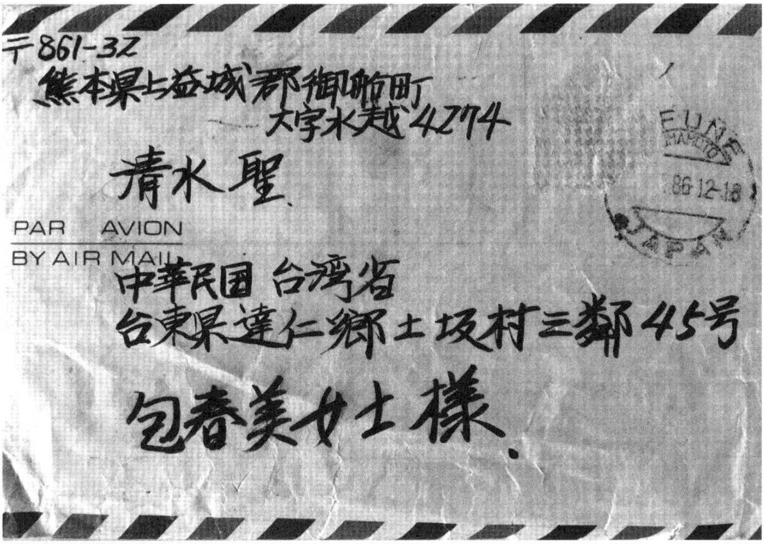

清水清的女兒清水聖特別寫信來認親的信件。（嬷笔灣提供）

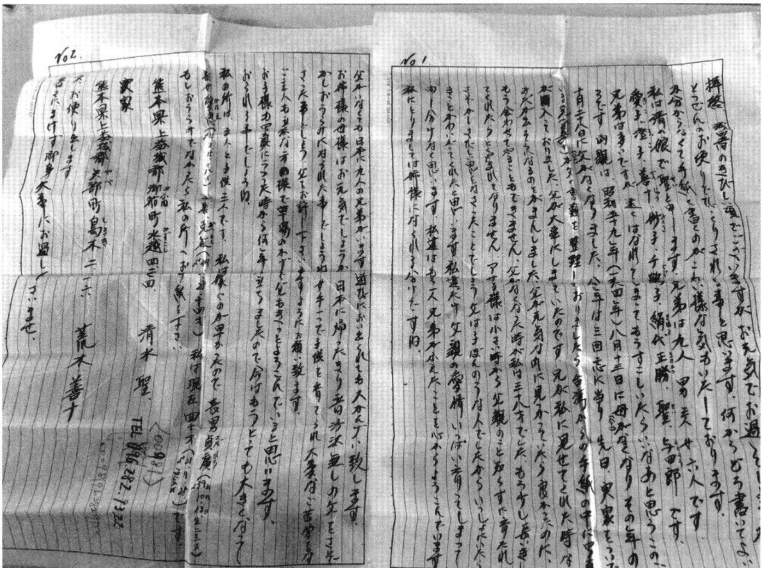

這封日文信，揭露了嬷笔灣的外婆道婉在日治時代的一段原、日戀情。（嬷笔灣提供）

九人分別是愛子（あいこ）、澄子（すみこ）、善十（ぜんじゅう）、妙子（みょこ）、千鶴子（ちずるこ）、絹代（きぬよ）、正勝（まさかつ）、聖（せい）、與四郎（よしろう）。

手足人數眾多，但各奔東西，時常感慨，要是能多陪彼此些時間該有多好。

提及父母，家母已於昭和五十九年（一九八四年）八月十三日過世，是年十月二十八日，家父亦駕鶴西歸。今年乃是三回忌（兩年後的忌日），前些日子，回老家的善十哥哥在整理家父留下的書信時，發現家父用心收藏著從台灣寄來的信件，且其中裝有照片。當哥哥讓我讀這信，我忍著眼中淚水，差點就要哭出聲來。眞期望能在家父還硬朗的時候找到這封信，可惜再也無法讓您見到家父了。

家父過世那年，我三十八歲，多麼希望家父能夠多活幾年。您自小便未見過家父，想必過得十分寂寞，然而若您能與家父相伴，必定明白家父爲人疼愛兒女。僅有我等手足於豐沛父愛中長大，令我等心懷愧疚，同時也由衷慶幸，家中又多了一位手足。對我來說，您就是我的姊姊了。

即使家父已經過世，您在日本仍有九位手足，由衷歡迎您來日本玩。

請問姊姊的母親是否還硬朗呢?當年家父回日本之後便渺無音訊，令堂想必是懷恨在心，而女人家要憑自己養育兒女，更是吃盡苦頭，但還請令堂能原諒家父。

姊夫看來英俊挺拔，家父地下有知，必定替姊姊開心。

時隔多年，照片中的孩子們想必已長大成人了吧。

我嫁人嫁得早，現有丈夫與三名兒女，爲長子貞廣（さだひろ）（一九六四年生，二十二歲）、長女愛恵（かなえ）（一九六八年生，十八歲），次子克敏（かつとし）（一九七二年生，十四歲）。我今年則來到四十歲（一九四六年生）。

若姊姊對我等已無懷恨，還請捎信與我。

熊本縣上益城郡御船町水越四二七四

清水

老家

熊本縣上益城郡矢部町島木（數字不明）

荒木善十

聖至此擱筆

請您提防酷暑，保重身體。

道婉頭目與日本警察清水清這段跨族裔及文化的異國戀曲，堪稱電影「海角七號」2.0版。這段因當時特殊的時代因緣，所迸發出的異國戀情，留下不少令人惋惜的人生遺憾。部落族人對道婉和日警的這段感情，談論得也很少。

不過嬚毛灣認爲，或許因爲外婆和日本外公的這段淵源，相較於其他在日治時期被禁制發展的原民部落，土坂卻例外地，有更多能保存傳統文化的空間，「很少人去回想這一段，但我覺得這個部分是很自然可以連結的，這對土坂能保存傳統祭儀到今日，還是有一定關係。」

成爲年輕寡婦

以當時的時空背景，道婉當年的許多行徑，是突破禁忌、走在時代前端的，包括與異族人士自由戀愛、未婚生子，甚至以靈活的政治手腕及辯才，在當時的日治政府下，爲部落爭取到保留傳統祭儀的空間。

不過這一切，尚只是道婉的人生序曲。

幾年後，道婉嫁給了來自新化村的貴族❹。不過命運之神再度捉弄，就在道婉懷了身孕後，先生即被日軍徵調至高砂義勇隊❺，然後在南洋戰役中不幸身亡，留下年輕的道婉

❹排灣族有嚴格的階級制度，分為頭目、貴族、勇士、平民四個階級。階級制度為世代承襲，家族的財產及權利由長嗣（長子或長女）繼承，兩性平等。

❺高砂義勇隊為二次大戰期間，日本殖民政府動員台灣原住民前往南洋叢林作戰的軍員部隊。

及尚未出生的遺腹子包雄飛（即嬤毛灣的舅舅，也是表姊啾谷的父親）。

大時代的悲歌，讓道婉在還不到二十五歲的花樣年齡，即成了須獨自撫育兩個稚幼孩子的年輕寡婦。

不過她沒有時間為個人的悲歡離合而駐足傷悲，生命的潮浪繼續推著她不斷前行。

嬤毛灣和父親及外婆合影。外婆從助產士一職退休，當時土坂部落多數孩子都是由外婆接生。（嬤毛灣提供）

堅毅的她，在台灣光復後，轉任助產醫療一職。此後四十年，土坂村出生的孩子幾乎都是她一手義務接生，爲部落全心付出，深具大器之度。道婉不僅是部落裡具威望的大頭目，更是族人逾一甲子習於仰賴的大樹。

以現在的眼光來看，道婉著實是位女強人。於公於私，她身兼多職，既是單親母親，又是平日忙於部落事務的聯合大頭目，更是村裡的專職助產士。這樣的風頭與動能，無人能與之爭鋒；她在二十七歲，即高票當選達仁鄉首位女性民代。

助夫競選公職

不過堅強、幹練的外表下，道婉畢竟還年輕，也有深閨寂寥之時，她也渴望能有可以倚靠的臂膀。

幾年後，道婉再度改嫁，先生王天良係來自隔壁台坂村拉里巴部落的頭目家族。兩人在往後的歲月，陸續生下兩男兩女。

道婉與其夫婿王天良，在公共事務上，可說是相互幫襯。王天良曾任駐在所警察，也曾任第五屆達仁鄉鄉民代表，道婉甚而也協助夫婿王天良參選土坂村村長。道婉的頭目身分，加上多年服務社區所累積的影響力及人脈，讓王天良雖然不是土坂村人，仍然能夠六連霸，創下長達二十四年的村長任期，是達仁鄉任期最長的村長。道婉在這背後的實力與協助，功不可沒；而王天良的村長角色，對於道婉在文化祭儀的保存上，也有諸多正面幫助。

不過在婚姻生活裡，兩個人的個性都各有強勢之處。嬑芼灣表示，她並不清楚外婆婚姻的細節，「印象中外婆及外公經常吵架，日子並不融洽。」

嬑芼灣記憶中的外婆，因爲是公職人員，當時生活品質很不錯，也很注意妝容的打點。「外婆每天一定要擦化妝水及乳液，三餐一定要吃水果，衣服裡有大衣有行頭，睡覺一定要穿睡衣，很有自己的生活品味。在那個物質普遍不豐的年代，外婆是每天早晚都要化妝、擦隔離霜的。」

「外婆很愛漂亮，外公很會吃醋。」這隱隱已預示兩人的關係，存在一些相處上的張力。嬑芼灣記得的畫面是：「外婆在房間裡化妝，然後就會聽到外公在窗外叨念：『又要去哪裡了？』之後兩個人就開始鬥嘴；外公那個濃濃的醋勁，常變成我們的笑談。」

晚年的避風港

道婉再婚時，長女旮萊姟為了協助母親照顧陸續出生的弟妹，放棄繼續升學；在所有同母異父的手足中，旮萊姟與大弟包雄飛，感情最深。姊弟倆從小相互扶持，很早就學會獨立自主，兩人也都事母至孝。

也許是看到母親道婉一路走來的辛苦，旮萊姟一直很體貼母親。於公於私，她一直是母親身邊的好幫手。在母親與繼父的關係衝突中，旮萊姟也時常提供母親需要的陪伴與協助；母女間的情感就像閨密好友般。

道婉與夫婿王天良的婚姻，一直風雨不斷。旮萊姟此時已結婚，她心疼母親的境況，覺得這樣下去不行，和先生討論後，夫妻兩人決定把房間讓出來給母親，兩夫妻則和孩子們睡通鋪。就這樣，道婉的晚年，皆是和女兒旮萊姟一家同住。

不過道婉縱使和先生在形式上分居、晚上住在大女兒家，即使孩子們也都已成年，道婉還是盡責地，白天回對街的夫家洗衣服、煮三餐。「有時媽媽及大舅因爲心疼外婆，會念外婆，『怎麼又跑回去了，不是說喝醉酒會罵個不停嗎？怎麼被罵完還是要回去煮飯洗衣？』外婆雖然內心掙扎，但還是堅持做好她的份內工作，生活的重心還是在那裡，全心盡她的本份。媽媽雖擔心外婆太累，但也尊重外婆的想法。」

無論面對的是順境，還是逆境，道婉皆任勞任怨、恪守本份，這樣的執著與堅持，讓她挺過人生無數起落。一個例子可以看出道婉不認輸的倔強個性：「外婆第一次中風後，出院回到家，原本大家都是一起吃飯，但她後來不跟我們同桌吃，她要等到我們都吃完飯，才一個人在餐桌上慢慢吃，可能吃一個多小時。她堅持自己用湯匙，她的手沒有力量，湯匙拿不穩，等湯到嘴邊，已經滴到所剩不多，但她就是不要我們餵她；她自己第二次再來，縱使只有一點點湯，她也覺得她在做類似復建的工作。後來慢慢地，她的手就比較好了，意志力眞的很強！」

綜觀道婉高潮迭起的一生，她可謂是上一代的新女性。她具有強烈的主體意識，年輕時與日警談了異族戀情，雖然面對的是殖民結構下性別關係的不平等，但她仍然打破族裔與階層的藩籬。她敢於去愛，也爲自己愛的選擇作出承擔。她一方面有突破框架的魄力，另一方面也受到儀禮的約制。她具有調和鼎鼐的頭目氣勢，但她仍然以成就自己的老公爲重。晚年她雖和老公分居，但她一樣恪盡其份，心在夫家。

在嬤乇彎眼裡，外婆和母親，都是幾經人生風浪，具強韌生命力，很認份的堅毅女性。而冥冥中，母女的命運，也緊密相連！

㐀萊妶在母親道婉遭逢婚姻困難時，伸出援手陪伴安慰；未想幾年後，㐀萊妶意外經歷喪夫的傷痛時，道婉也成爲支撐女兒渡過難關最大的力量。

4 母親未說出口的寂寞

旮萊妶不願自己的孩子經歷她成長過程中不得繼父疼愛的失落，幾經思量後，她放棄再找伴侶，決定把重心放在七個孩子上。「媽媽從一而終的觀念很強，她也覺得她若再嫁，對不起我爸爸。」這個選擇的背後，是渴望與犧牲的拉扯，有著旮萊妶對先生綿長的思念與落寞。

和自己的母親一樣，旮萊妶生命中重要的男人，多未能在她身邊。旮萊妶的日裔生父，她從未謀面；而摯愛的先生高三榮因溺水意外過世時，旮萊妶只有四十二歲。

不過她和母親做了不同的選擇：旮萊妶在往後近四十年的人生中，始終守寡，未再改嫁。

用巧計追求大頭目之女

嬤芼灣回憶，說起來，她的父親並非母親的初戀。

當時年輕秀麗、雙十芳華的旮萊姟，已有交往對象，對方是村裡的一位老師，兩位年輕人還私下用牛奶罐攢存結婚基金。高三榮當時則是村裡剛從國防醫學院畢業的年輕醫生，私下暗戀著頭目家族的長女。爲了討取女方歡心，男方用了一點心計，買了一條黃金項鍊送給女方的母親。嬤芼灣笑著說：「結果我的外婆項鍊戴一戴，不想放了，就要媽媽嫁給爸爸。媽媽冷戰了一段時間，這時爸爸找很多人去遊說，最後媽媽不敵，爸爸就這樣追到媽媽。」

高三榮雖是橫刀奪愛，不過兩人婚後，夫妻感情鶼鰈情深。「我爸爸眞的很疼我媽

嬤芼灣的父親與母親。從這張模糊的結婚照裡，可以依稀看出父親當年的英挺與母親的嬌美。照片雖泛黃，卻支持著母親走過近四十年的守寡歲月。（嬤芼灣提供）

媽，兩個人婚後很相愛。」即使是四十多年前的畫面，嬟毛灣清楚記得母親向父親撒嬌的一面：「媽媽喝了酒，微醺，爸爸會說：『走，我們去洗澡。』然後媽媽就會撒嬌：『你別那麼粗魯嘛！』她的動作很可愛、很嬌嗔。生病時，爸爸幫她打針，媽媽叫『痛』，那聲音也是很嗲。

「媽媽從來不下廚，都是爸爸下廚，他一下班就趕快換衣服，煮飯給我們吃；爸爸也很疼我們小孩子，他眞的是好先生、好爸爸。如果媽媽生氣罵人，爸爸從不回嘴，他就是跑去睡衛生所，等媽媽氣消他再回來。媽媽那時眞的是倍受寵愛與呵護，媽媽一直說那是她人生中最幸福、最美好的時光！」

那時高三榮週間在衛生所上班，週末就和妻子上山種香菇。夫妻倆認眞工作，胼手胝足，後來用己力改建房子，沒有貸款；高三榮的努力，讓一家九口有衣食無虞的生活。

排灣族尊崇長嗣制，無論男女，長嗣一定是家名、家業的繼承者。旮莱姟是長女，意謂高三榮須入贅。嬟毛灣表示，現在大家會強調性別平權，但排灣族社會一直以來就是男女平等；娶長嗣者，男方即須入贅，無關對方教育及社經程度。

包家七手足。大姐抱么弟，右一是嬷芼灣，右中間三哥、右後二哥、左一是二姐，左後是大哥。（嬷芼灣提供）

在旮萊妶與高三榮兩人二十三年的婚姻生活裡，他們一共生養了七個小孩，四男三女。嬷芼灣是么女，後面還有一個小兩歲的弟弟。不過在所有孩子裡，高三榮獨獨最寵愛自小聰明伶俐的嬷芼灣。

寵老婆，更寵女兒

高三榮眞正是把小女兒當成掌上明珠，捧在手心上。即使是多年後，嬷芼灣仍然清楚記得父親當時如何寵她：

「以前祖靈屋旁邊有條小徑，可以直接通往位在部落上方的衛生所，我們一定是從那條小徑到爸爸上班的衛生所，才不用繞一大圈。在爸爸還沒過世前，那條小徑我從沒走過，因爲只要一到那個地方，爸爸一定會先下台階，做好準備揹我的動作；然後要上去，他也是這樣揹我上去。我那時已那麼大了（小學五年級），那條路他還是揹我上下。爸爸睡覺，也一定要抱著我睡覺，他才睡得著。」

父親這麼疼愛么女，其他哥哥姊姊不免吃醋。「有一次我發現哥哥的筆記寫著：『爸爸偏心，只疼妹妹。』不知道爲什麼，爸爸就特別疼我。」而嬚苳瀞確實是得到父親特別的對待：「以前爸爸週末放假，就會載著哥哥姊姊上山務農，但他不准我下田，其實我的外婆也不准我去，他們都說我是讀書的料，不讀書的人就去作農。有一次姊姊想偷懶，她跟爸爸說：『沒有長褲，不能下田。』爸爸就跟她說：『那你就穿裙子下田。』當部落的人還在穿膠鞋時，我已經有涼鞋、穿洋裝了。」

嬚苳瀞至今有時會從自己先生身上，看到父親的影子，「好像爸爸的那個好，就複製在先生身上；不過我更相信女兒是父親上輩子的情人。

「以前衛生所發薪水袋，爸爸都是先拿給我，要我數一數金額對不對，再拿給媽媽；那時衛生所裡有個藥房，藥房的抽屜鑰匙，只有我和爸爸兩個人有，人家來看病，只要有零錢，爸爸就丟到那個抽屜裡，然後那抽屜的零錢就是我的（大笑）。有時候他一大早看病人，對方拿大鈔，沒得找，爸爸就會叫我去買東西換鈔，我就會買自己要吃的；小時候在部落，能夠吃到可口奶滋，那可不簡單（大笑），哥哥姊姊都會不平，覺得爲什麼我有這樣的福利。」

從小不曾享受過父愛的旮萊姟，對於么女嫭芼灣如此集先生的寵愛於一身，心情倒是複雜的。「我媽媽很生氣，覺得這兩個很奇怪，覺得爸爸只疼這個小孩，她覺得應該要對所有小孩子公平，所以媽媽那時不太喜歡和我講話。爸爸走之後，我和媽媽才開始培養感情。

「那時爸爸就是離不開我身邊，去哪裡都會帶著我。衛生所辦員工自強活動，爸爸一直要帶我去，但是媽媽就絕對不會讓我去；後來爸爸去阿里山，買了阿里山娃娃回來給我，我，我多高興啊！部落裡面沒有人有洋娃娃的。之後他到另一個地方，又買了一個漢人的娃娃給我，我就有兩個娃娃，那時我都抱著這兩個娃娃睡覺。」嬿毛灣描述至此，語氣中有著小女孩般的興奮，彷彿一切皆發生在昨日。父親帶著小小嬿毛灣，一起做過太多的「第一次」：第一次搭火車、第一次上台北、第一次到兒童樂園……。

先生驟逝，母女重新認識彼此

和父親這樣形影不離，父親驟然離世，對當時年幼的嬿毛灣是巨大的心理創傷，特別是目睹父親在水中那一幕。「我們的說法是：爸爸一定會要他最疼的人去找到他。」她坦言，那之後，她確實須克服心理障礙，那個場景對小孩心理的衝擊，已超出她那個年紀能負荷的程度。「爸爸走之後，我非常怕冷，晚上睡覺我只要棉被沒有蓋好，露了一個小指頭在外面，我就會整個人冷起來，然後找爸爸的場景又會全部浮現；爸爸也一直怕我忘掉他，我去哪裡上課、做什麼事，爸爸始終都在，一直跟著我。」

在那段時日裡，同樣被巨大哀傷潮浪淹沒的，還有母親㕩萊妶。「媽媽頓失依靠後，足足低潮了三年，有三年時間媽媽不敢關燈睡覺。」嬿毛灣的大姊在十一、二歲時得了腦膜炎，後來經常性會發生癲癇，旮萊姟就把大女兒留在身邊；當時嬤芼灣的大哥已在服兵役，其他大一點的孩子都在外地念書，只有嬤芼灣和小弟在念小學。「那時家裡頭就是我和弟弟、大姊及外婆，這時我和媽媽才有機會相處，要不然以前都是爸爸帶著我四處跑。」

一起生活後，旮萊姟重新「看到」女兒，發現女兒並沒有因爲先生的寵溺而變得跋扈或無理取鬧，反而是個很懂事、善解的小孩。「可能這個變故也讓我沉澱下來，我看到媽媽的困境，我發現到她眞的很悲傷，我覺得如果再失去媽媽，我也眞的不行，所以我就決定在那個過程中自己去吸收、調適。」

由於父親是意外身亡，有幾年時間，母女對暗黑會有種特別的恐懼。在排灣族的生死觀與神靈觀裡，對死亡有「善死」與「惡死」的區分，生病等自然死亡者爲善死，死於意外或難產者則爲惡死。也因死亡方式不同，而有「善靈」與「惡靈」之別，喪葬方式亦隨之不同，人們因此有諸多忌諱，懷有恐懼。排灣族相信，善死在死後成爲善靈，可回歸大武山成爲祖靈；至於意外死亡的惡靈，則須進行招魂，若沒在儀式中處理好，很容易因怨憎而徘徊在自己死去的地方，攪擾相遇的生人。

嬷笔灣提到，父親走後大約一年多，發生過一次離奇的溫泉經歷，讓她和母親兩人嚇破膽，卻也因此讓母女兩人更靠近。

對惡靈嗆聲以壯膽

「那時部落前面有一個天然野溪溫泉，本來小小的，被人發現後，好心開挖了一大、一小兩個池，因爲對皮膚好，那年冬天，部落族人流行去泡野溪溫泉；媽媽也喜歡，我們都愛上泡溫泉的感覺。可是那地點會經過爸爸發生意外的河床。

「有一次去泡溫泉，在泡了一陣子後，媽媽說她想回去了，我覺得意猶未盡、還想多泡，我跟媽媽說：『我晚一些再和其他人一起回去。』結果媽媽離開沒多久，我開始覺得整個人泡得很累，我心想：『她們剛離開五分鐘，我用跑的，應該可以追上她們。』那時大概晚上七點多，天色已暗。結果我一直走，怎麼前面都沒有人，我往前走也不是，往後走也不是，開始進退兩難。

「那時我即將要過河，會經過爸爸出事的那個地方；我一個人走，哇，整個嚇破膽，一碰到那個水，我整個不行，但是我覺得我不能抖，抖就不行，有個意志力告訴我：『我不可以讓你戰勝我。』我一直心裡跟「祂」❶（惡靈）講：『你不可以對我怎麼樣，你試試看，敢對我怎麼樣，你都已經把我爸爸帶走了，怎麼可以再對我怎麼樣，我爸爸都走了，都犧牲、都給你們了，你如果敢對我有任何企圖，你試試看！』我就在心裡一直這樣應回去；在過橋時，我跟「祂」說：『你們也客氣一點，我是頭目的小孩，我有哪個地方得罪你！』我就這樣頂回去。那一整段都是小路，都是我爸爸的路……。

「我一回到家，媽媽看我氣色不太對，問我：『怎麼了？』我驚魂未定地說：『你們怎麼走那麼快，我一個人走，都看不到你們！』媽媽聽到這，嚇到快哭出來，她說：『你這孩子怎麼膽子這麼大，我拜託你膽子不要這麼大好不好！』我委屈地說：『我不是膽子大，我怎麼知道你們都不在！』媽媽連忙說：『沒事就好！沒事就好！』」

❶此處的「祂」，非指西方宗教裡對上帝或耶穌的代詞；而是泛指一切看不見的靈，也用於對已逝者的代詞。

母女從此之後不再提此事。不過這事件也流露出母女在各自堅強適應的背後，未說出口的脆弱，也讓彼此在情感上更加相依爲命。

共同在悲傷中成長

頓失家庭支柱後，要調適的不僅是心理，還在於物質環境。旮萊妶失去先生後，拮据的現實其實讓她無法陷在悲傷裡太久，迫在眉睫、馬上需要面對的，就是生計壓力。一下子少了先生的收入，經濟變得困窘，所幸夫妻倆先前省吃儉用，已經先蓋了房子。在往後幾年，旮萊妶靠著種植香菇、稻米、地瓜等五穀雜糧，加上養雞養豬，讓日子可以過得下去。

「那段時間媽媽在山上務農，多是大姊陪她去，回到家有外婆，日子就這樣慢慢熬過來。後來土坂國小開辦營養午餐，媽媽去爭取當廚工，其實收入不多，她把學校老師吃剩的飯菜帶回家，因爲是公筷母匙，比較衛生，那就是她的晚餐。那時外婆和我們住一起，媽媽這個飯還可以照顧左右鄰居，然後學校的廚餘還可以餵她的豬，她眞的非常勤儉持家。」

母女從被呵護的世界，一下子經驗到落差甚大的現實環境，「爸爸在的時候，我真的是被特別對待；爸爸不在後，這些當然都沒有了，之後都是撿姊姊的衣服穿，再也沒有新衣了。有一次好不容易過年買新衣，結果媽媽幫我買的是制服；我從來沒有穿過制服是繡自己名字的，都是繡哥哥姊姊的名字，環境一下子改變很多。」

不過對懂事的小孩而言，愈是不容易的環境，愈是激發潛能。父親過世後，嬑芼灣的求學都是由她上面的哥哥負責，嬑芼灣也很爭氣，沒有因為家庭環境的驟變而在學習上懈怠。在大人的悲傷中，孩子「偷偷」地用自己的方式長大。

嬑芼灣小學時以第一名「縣長獎」的優異成績畢業，這才讓㕡萊姟正視到這個孩子可以栽培。當㕡萊姟後來從女兒口中得知先生的亡魂不曾離開、都一直跟在女兒身邊時，更加認識到女兒驚人的抗壓性，也意識到需要更關照這個小孩。

更認識女兒的特質與潛能後，㕡萊姟對女兒的態度也開始有了微妙的轉變。她自己雖然未受太多正規的學校教育，無法在女兒求學過程中提供協助與陪伴，但只要女兒考完試，她就會煮土雞湯，「媽媽會說：『考完了，要吃好一點，要補一下；考得好很恭喜，考不好就自我警惕。』」

旮萊妶長年務農，皮膚保養對農作者而言是「奢侈」的，但她卻默默有許多貼心動作，讓嬟芼灣即使在多年後回想起來，仍可深深感受到母親對她的愛護與疼惜。「我念（台東）女中時，媽媽會主動在我的行李箱幫我塞進妮維雅護唇膏，她不會直接拿給我，等我回宿舍後才發現有這些東西，才知道媽媽私下幫我準備了這些。雖然我們的生活已經不比從前，但她能做的，她總是儘量做。」

最好的協助來自無言的陪伴

這段時間看到嬟芼灣特質的，不僅是母親旮萊妶，也包括外婆道婉。道婉早早就看出孫女遺傳了自己很多特質，嬟芼灣對於那段日子外婆對她的陪伴印象深刻：「那段時期，晚上念書時，我旁邊都擺一盆冷水，想睡覺時，就用水沖臉；晚上當大家都入睡後，特別是家裡有人意外死亡，晚上門一關上，一個人在那裡念書，還是會毛毛、會害怕，尤其鄉下晚上非常安靜。我外婆會睡前面客廳陪我讀書，她縱使躺著都好；她會說：『我就躺這邊。』我說：『你去睡覺啊，我怕你這樣會著涼。』她會堅持：『不用，我在這裡，我怕你會怕，我躺這邊，我陪你……我在這邊會不會打呼？會不會吵到你？』」

就是這樣無聲的陪伴與支持，道婉用自己的方式陪著女兒度過中年喪夫之痛；也伴著孫女度過那段慘綠、顛躓的年少歲月。在這樣的陪伴與守護中，三代女性有著很深的情感連結。「外婆、媽媽及我，三人感情很好。外婆過世前，她交待媽媽，她最粗的那條鍊子要給我；我和外婆一樣，都對棉被情有獨鍾，她說：『我的棉被那麼多，讓嬤毛灣挑一件日後作紀念。』」

嬤毛灣與外婆道婉。外婆很早就看出從小慧黠伶俐的嬤毛灣是習巫的材料。（嬤毛灣提供）

頭目光環背後的悲歡離合

在嬞毛灣眼中，外婆與母親都是極具韌性、任勞任怨的不平凡女性。她們皆成長在頭目家庭，又是長女，「她們自小就非常知道自己被期待的角色與責任，那種使命感非常不一樣。」在承擔的背後，嬞毛灣看到自己的外婆及母親，並未因在排灣族社會的頭目階序而有特別對待或恃寵而驕；反而是面對生命困局時的忍辱負重，及對延續排灣族傳統文化的堅持。

在父親驟逝後，嬞毛灣看到的母親身影是：一個中年的單親母親努力要拉拔七個孩子，奮力地想從生活的困頓中尋找出口。嬞毛灣坦言，她曾經在多年後，問過自己的母親，為何沒有想過再改嫁？「媽媽告訴我，曾經有族人要幫她介紹，也知道有人對她有好感，但她想到自己有七個孩子，『他會喜歡我的孩子嗎？如果我先走，他可能會跟孩子爭家產；那如果他先走，我又要再次經歷喪夫的痛，我何必呢！』」

旮莱妶也不願自己的孩子經歷她成長過程中不得繼父疼愛的失落，幾經思量後，她放棄再找伴侶，決定把重心放在七個孩子上。「媽媽從一而終的觀念很強，她也覺得她若再嫁，對不起我爸爸。」這個選擇的背後，是渴望與犧牲的拉扯，有著旮萊姟對先生綿長的思念與落寞。不過她儘管選擇從一而終，卻不給孩子同樣的建議，「後來我們各自嫁娶之後，媽媽給我們的訊息就是：假如有任何不幸，不要走她的路，一定要找伴，不要像她一樣。」

母親偶遇舊識

「在困頓中，外婆對媽媽的陪伴很重要，是她很大的心靈安慰，或許媽媽看待我也是同樣的心情。」成年後的嬤毛灣與母親旮萊姟感情緊密，「媽媽的整個依靠都是在我這邊，我們幾乎每天都會講電話聊天，無話不談。」

但嬤毛灣也在與母親的互動、談天中，發現到母親少為人知的辛苦。「我記得媽媽有一次打電話給我，很興奮地亟欲跟我描述，還不准我插話，她說她今天去了哪裡，看到一個『好老好老』的朋友，我問她是怎樣的朋友，她說：『我當初跟你爸爸結婚時，對方是掌廚！』她那種興奮其實應該是要跟老公分享，而不是跟兒女，因為我們聽了沒什麼感覺。

「但也就在那一刻，我看到媽媽多年來那個心很可憐、很辛苦。」嬑苼瀞看到在母親亟欲分享偶遇昔日舊識的興奮之情背後，其實有著她多年來從未說出口的空虛與寂寞，所以任何一點能和已逝的先生有連結的人與事，哪怕是已泛黃的歷史，都對她彌足珍貴，足以讓她回味再三。

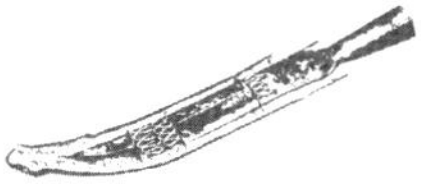

5 顚覆習巫傳統的女巫培訓班

我那時常跟我媽媽抱怨：「爲什麼讓我學這個？爲什麼不去找別人？爲什麼我不能像其他哥哥姊姊一樣輕鬆一點？」我媽媽不會回我，就讓我發脾氣，她知道我的壓力，她能做的就是讓我發洩完休息，然後她就去廚房煮東西，怕我肚子餓。

當旮萊姟作主爲女兒嬷芼灣報名女巫培訓班時，土坂部落已逾五十年沒有出現新女巫。

如同許多原民部落在過去數十年所歷經的變遷般，受到現代化、西方宗教、經濟衝擊等外部力量影響，年輕人紛往都市尋求發展，土坂部落也不例外，這讓部落傳統產生了變化，老巫師也逐漸凋零。

這種老巫師隕落的情況，在土坂部落二〇〇三年的五年祭最爲凸顯。當時嬤毛灣的外婆與姨婆相繼過世，其他老巫師也病弱，無法執司繁瑣沈重的五年祭儀式。當時的包家頭目、嬤毛灣的母親旮萊妶，必須倚重唯一較健康的巫師祖祖蔓獨撐全場，這讓旮萊妶對巫師後繼無人的景況，感到憂慮與悲涼。

巫文化及傳統信仰日漸流失，部落後來在有識之士及公部門的努力下，達仁鄉公所於二〇〇七年破天荒地開辦了全台第一屆女巫培訓班，邀請土坂部落當時碩果僅存、年近八十歲的首席女巫祖祖蔓開班授課。在那之前，土坂部落自一九五三年起，已超過半世紀沒有升立新女巫。

打破習巫傳統慣習

女巫培訓班的開辦，讓在風中殘燭的巫文化，重新燃點了薪傳的火苗。不過由於打破了傳統的習巫歷程，在剛開始確實是讓部落有一些疑慮。

早期排灣族巫師的傳統養成方式，採一對一的師徒制教學，習巫者多來自巫師或頭目家族，常是隔代或近親傳承，並透過夢境等異象徵兆獲神祖靈揀選。爲了順應大環境的改變，首次開辦的女巫培訓班，史無前例改爲大班制授課；習巫條件變得較寬鬆及彈性，只要是有心學習、並獲得族語認證合格者，皆可報名，但仍是以來自頭目家族、並對傳承巫師工作具有使命感者，優先錄取。

女巫培訓班首開先河的作法，在當時獲得部落裡三個頭目家族的支持，主要考慮到老巫師年事已高的現實，薪火交棒的壓力刻不容緩；加上隔年五年祭馬上就要舉行，祭儀傳承亟需有巫師新血加入。事實上，女巫培訓班也解決了旮萊妶長期以來的憂慮，她沒有等得及與女兒及姪女先做討論，迫不及待主動替兩人報了名。

第一次有這種系統性授課的巫師養成班，報名相當踴躍，那一年吸引了三十位報名者，嬿芼灣及表姐啾谷（Tjuku，漢名呂美惠）也是其中的兩名學員。不過，習巫過程雖然與時俱進做了調整，但最後能否成巫，還是要看是否受到神祖靈揀選。換言之，女巫與神靈溝通的能力，最終必須由神靈授予，而神靈授予的方式不一，但必定會有巫珠，表示身分獲得神靈認可。

嬤毛灣對於母親當年主動爲她及表姊報名女巫培訓班的決定，「我並沒有排斥，我覺得那是一個機會。我當初就是想幫媽媽，想協助她強化及鞏固頭目的角色，我有那份使命感。」

嬤毛灣和啾谷願意習巫，承傳有人，讓旮萊姟鬆了一口氣。不過，當時單純想幫媽媽的嬤毛灣，尚不知道自己將踏進怎樣的一個旅程。

身心靈開始變化

巫師是神靈與人間溝通的媒介，而要與神祖靈溝通，第一關就是學習巫師經文及祭歌。習巫者要在密集課程中學習九段基礎經文，必須要能背得起完整的祭儀唱經，這並沒有想像中容易。由於經文的語彙並非日常用語，平常很少聽到，多數是單字，習巫者必須花很多時間去揣摩及意會。

那段時期，嬤毛灣全副心神都在背誦祭儀經文這件事上；無論何時何地，她不管是平日做家事或其他雜務，背景播放的不是通俗音樂，而是經文聲。她和在警界工作的先生幾乎碰不到面，因爲先生假日回到家時，她已回鄉上課。她不僅睡覺前念經文，睡醒後繼續覆誦，連騎摩托車上班，也邊騎邊念，常常因太專注而騎過頭。「我那時候只有一個意念：我要學會，我要學會。」

學習經文祭歌後，嬚芼灣開始感覺到自己的身心靈狀態在變化，她開始出現很多夢境，也隨時在接收「訊息」。「其實那時候已經有好多『力量』在告訴我要學，我感覺到自己的狀態在變化，除了愈來愈多奇怪的夢境外，有時候某段經文遇到卡關，怎麼樣都背不起來，晚上的夢境裡 vuvu 就會出現，跟著我吟唱。」

那時候如果部落有族人即將過世，嬚芼灣也會從夢境而預知，「對方會在夢中跟我講，有時也會讓我看到他的人。這些訊息剛開始會讓我很惶恐，巫師的膽量要很大，冥冥中很多方面，我開始在被訓練膽量；睡眠品質變得很差，體質也慢慢轉變。」

在這個轉變期，嬚芼灣發現，她變得易怒。「我以前總認爲自己脾氣很好，但在那段時期，我很容易發脾氣，我那時還沒辦法接受自己身心靈上的轉變，情緒起伏很大，連我的家人都注意到我脾氣變得很不好，容易動怒。」

抗拒心升起

嬷乇灣坦言，她那段時期非常抗拒這些內外在的改變，除了身心靈狀態轉變及睡眠品質不好外，她白天的正職工作已經很忙碌，週末假日爲了女巫課程及儀式更是無法休息，加上當時一對雙胞胎兒子還小，這些排山倒海的壓力，讓她感到力不從心。她渴望回到自己的「小日子」，過著簡單的生活，不要管那麼多的瑣碎事，不想承擔那麼多責任。

她那時經常對當初爲她報名女巫班的母親發脾氣。「我那時常跟我媽媽抱怨：『你爲什麼讓我學這個？爲什麼不去找別人？爲什麼我不能像其他哥哥姊姊一樣輕鬆一點？』我媽媽不會回我，就讓我發脾氣，她知道我的壓力，她能做的就是讓我發洩完休息，然後她就去廚房煮東西，怕我肚子餓。」

爲了讓嬷乇灣在上課時，不用擔心孩子托幼的問題，旮萊妶會先煮好東西給兩個年幼的孫子吃，也幫嬷乇灣帶孩子，怕她累壞身子。點點滴滴的，她默默去協助女兒，儘量讓嬷毛灣在習巫之路無後顧之憂。

母親陪著一起上課

旮萊姟對嬷毛灣習巫的支持，不僅是在後勤支援上，她也和嬷毛灣一起去上課，而且是全勤。年輕學員用錄音筆，旮萊姟就用傳統卡帶錄。嬷毛灣表示，因爲外婆是頭目，姨婆是首席女巫，她的母親自小就是她們倚賴的幫手，就如同她協助母親的角色一樣。「媽媽其實對頭目及巫師兩邊的角色和經語使用都很懂，只是因爲她身分不同，沒有立巫。」

嬷毛灣提及，母親在女巫課程裡錄了音後，畢竟頭目用語和巫師不同，母親回到家後會反覆聆聽，「任何出入、不同之處，她都知道；我們對話交換心得時，或者我有疑問時，媽媽就會將她以前吸收的和現在的差異，和我討論。」

甚至當嬷毛灣做了很恐怖、或具啓示意義、連續性的夢時，「媽媽都很淡定，她會說：『我們怎麼做同樣的夢，我也是！』她的鎮定會讓我比較不害怕，『哦，原來頭目也會夢到這些東西！』我就會卸下恐懼，然後我們就可以討論、交換經驗，怎麼去解夢，怎麼處理後續。」

母親這樣的善解與溫度，協助嬚芼灣逐漸度過習巫的風暴期。「後來時間久了，自己慢慢調適過來；我要求自己不斷進步，因爲一旦學了，就是要專精，想要把它學會。」

對神靈空間方位的感知

排灣族相信，神靈的方位代表每位神靈的處所、及每位神靈的起源與執掌項目，因此女巫必須要確認神靈方位，才能有效地用專業的用語及祭歌，與神靈溝通。

經語是巫師與神靈溝通的語言，嬚芼灣的女巫班課程，基礎經文上了六個月，之後嬚芼灣和表姊啾谷另外自費和師父學習進階經文，又上了六個月。「立巫的時候，這些經文要穿插在儀式中整場念唱完。但是會背這些經文，立了巫，還不是眞正巫師。因爲排灣族的儀式很多，九段經文包含了神靈的空間方位，每段經文都有不同的請益神靈及用語，從最高位階的神靈，一步一步循序下來。如何從不同的經文中去感應、揀選，並運用在儀式裡，才是最深奧的地方。」

排灣族是超自然與多神祇（泛靈）信仰，相信各種超自然存在的神與靈，認為天地萬物皆有靈，如河流、山川等各有管理的神祇，對於各種超自然存有、神祇、祖神、祖靈、鬼魂等，認為祂們並存於不同界域，皆持敬畏之心待之。其神靈觀有階序，也有善惡、強弱之分，例如善靈會為部落族人帶來平安及好運，惡靈會帶來危害與災禍；因此如何取得善神靈賜福，及避免惡靈降禍，也成為祭儀的重點。

談到排灣族的神靈觀，嬚芼灣表示：「神靈是分層負責、術有專攻的，各神靈有不同職司，當祈求的神靈沒有辦法掌理時，祂會更上一層去請示，但當祂更上一層時，我們這裡也要準備牲禮獻祭表示隆重，要不然一般儀式不可能讓最高神靈馬上就接受祈請。祂們各司其責，還是有秩序與區分。習巫過程，如果要扮演好巫師的媒介角色，不能只有死背經文，還要對神靈空間能意會及感應。」

嬚芼灣提到，很多時候，習巫、成巫不是單靠自己的意志就可以，「神祖靈會考驗習巫者的靈力及學巫的誠意，看你是不是願意承擔、有那份心。有心的話，祂才有辦法浥注很多東西，你要準備好，才能接收到那些訊息。」

培訓班裡，有的人只是去看看，當成是學習文化；也有的人發現背經文非常難，母語又不夠好，就會覺得碰壁，碰到的問題很多。首屆的女巫培訓班，在艱澀的課程結束後，最後眞正通過嚴格學習考驗、並獲神祖靈認可的成巫者，只有七位。這七個人，包括嬤芼灣和表姊啾谷在內，都來自不同部落的頭目家族，每個人都有一份對傳承的使命感。「過程中碰到障礙是必然的，一定要努力跨越，因爲已經回不去了，不得不上路。」

嬤芼灣其實一直在路上。

長達十年的實習歷程

雖然立了巫，但以經文背誦爲主軸的培訓班課程，其實只是成巫過程中最基礎的前奏，此時新科巫師仍不具執司儀式的能力。這就好比到駕訓班學開車，雖然考過了駕照，但還是缺乏足夠的道路駕駛經驗。新巫師和師父一對一、手把手的實作，才是眞正紮實的功夫。

爲了更了解儀式過程，也爲了更精進巫術，立巫之後有十年時間，只要師父祖祖蔓有儀式，嬤毛灣二話不說，就是請休假，跟在師父身邊見習。除了協助師父備祭葉、獻祭品、隨念經文，她同時帶著錄音筆，隨時記錄與練習，幾乎不缺席。

那十年，她所有的休假都是配合師父，沒事就念經文，一個儀式，她可能反覆做了不下二十次，還是會請假跟著師父，錄音的資料持續做整理。「有時候老人家講得很快，收音不好，耳朵必須貼得很近。」

這個不厭其詳的過程，幫助她對古老經語有更深的感應力。她認爲，如果僅是粗淺學習經語，沒有深入了解其中意涵與目的，很難在儀式中讓身心靈與神祖靈交會。嬤毛灣非常重視錄音後，自己整理、內化的反芻過程，她有一本自己戲稱的「葵花寶典」，裡面是她對每一場儀式的紀錄。「我不太相信只聽錄音，我一定要謄過後內化，才會消化那個過程。在儀式前，我翻一下『葵花寶典』，就會幫助我記憶，會釐清很多細節，整個就連結起來，才能讓自己進入儀式情境。」

而每一場儀式，嬤毛灣事前事後做的所有功課，讓她對經文詞彙有更深的領會與貫通。當感覺自己靈力進步、能幫助到族人時，那對習巫者是最大的鼓勵與回饋，「那時就覺得一切的努力都是值得的。」

整個習巫過程中，嬤苓灣做任何儀式，她的母親旮萊妶都會在場。「哪怕她身體已經不好了，腳也不方便，還是跟著過來，她就是一直跟著我，看我有沒有進步。到後面，我慢慢站穩腳步，她看到我過每一關，看到我的師父身體開始不好，她就跟我說：『你差不多要接了，當你巫術愈強的時候，也就是我們這些老的準備要退場的時候了。』」

6 立巫儀式中從天而降的神祕巫珠

我一方面在經歷，一方面又想當研究者，想去主導那個走向，我一直在跟『祂』拉扯，我的意志不想被劫持，但最終我還是沒辦法控制，我無法換氣，好像快窒息，我很清楚，那個呼吸不是我；那個過程極端痛苦。

在學巫前，從小口齒伶俐的嬤毛灣一直對自己的族語能力感到自豪。「我一直是在母語的氛圍中成長，家中長輩也都會要求（說母語）。」但她從來沒想過習巫後，自己會被母親旮萊妶評爲是「口吃」。

師父爲其消除語障

嬷苇灣直到學巫後，才認知到自己是在學一個全新的語言。「剛開始眞的很辛苦，我以爲自己很會講族語了，但這些經文都是艱澀的古語，和我們平常使用的族語完全不同，幾乎是另一種語言。」而嬷苇灣也很快發現，強記死背，作用有限。

縱使反覆地背誦，一個字不懂，下一段就銜接不上；請教師父，但年近八旬的師父中文表達有限，也不見得能用中文完整解釋或轉譯這些詞彙的意思。「有的詞彙你問 vuvu，她不太能翻譯，因爲很多東西不是用漢語解釋就能傳達。」

從師父那裡尋求不了答案時，嬷苇灣轉向母親求助。「我常常要把師父和媽媽的解釋，相互比對，可能一個單字要一個很長的故事去導入，才有辦法吸收。」當師父和母親的詮釋觀點不同時，嬷苇灣就吸收兩邊精華；就這樣一個字一個字地推敲，慢慢意會。

但了解字義尚不夠，還要能精準地念唱。爲此，旮萊妶聽女兒念古語經文，卻怎麼聽都不對；彷如聽一個外國人講中文，音就是抓不到位。她經常要嬷苇灣「再來一遍」「再來一遍」，聽到後來，她不禁氣急地跟女兒說：「唉呀，你就是口吃！」這讓嬷苇灣甚感挫折！

初學艱澀經文的沮喪，在師父祖祖蔓為她執行消除語障的儀式後，嬿毛灣才慢慢在背誦經文祭歌時較為順暢。消除語障的目的在協助學習者排除經文學習過程中的語言障礙，讓學生不致心生退轉。「我不知道是不是心理作用，但我覺得儀式是有一些幫助的；那讓我接下來的經文學習，可以順利背誦。當然要達到媽媽那個咬字清晰的標準，還有一段距離。」

拜師確立師徒關係

語障排除後，繼續習巫的學程。如果學生接下來沒被艱難經文嚇跑，有心學巫者就要經過正式的拜師儀式。此時土坂部落裡能做這項傳承的，僅剩包家的首席女巫祖祖蔓。

在排灣族部落，拜師時，學生在家族耆老陪同下，要帶著數串檳榔、一甕小米酒、數根白甘蔗及紅包到老師家，與提親的概念很像。在排灣族語中，拜師及提親都是同一個字「頂禮」（kituqulj），意即希望雙方結成一家人，師父若願意收學生，就表示師生關係自此像家人般密不可分。

嬤芼灣提到，拜師用的白甘蔗是連根帶葉，一去就是放老師家門口，種在老師家旁邊，這象徵徒弟習巫能節節過關，或師徒法力節節高升。儀式中，學生和老師共飲三次連杯酒，然後手持祭葉，師徒並坐共同唱經，從此雙方正式進入師徒關係。師徒成為生命共同體後，學生跟著老師精進學習；老師只要有祭儀，就會找學生，讓學生在旁見習打點。

破解古經文的神祕符碼

拜師後，雖然還不是巫師，但在習巫歷程中，卻對學生有不同心理意義。拜師加深學生習巫的決心，同時告知神靈及巫祖自己願意克服重重考驗，不半途而廢。在拜師儀式後，嬤芼灣充分利用口述傳說及神話故事的啓示性，對古老經文祭歌下足功夫研究。「如果只粗略了解字面意思，會覺得這是沒有感情的一個字；但如果了解它的意涵及精神，會感覺這語言是非常有溫度的，感應力也不同。」

嬤芼灣習巫時，除了自家師父，還有母親可以就教，若習巫過程中沒有這樣的資源，

包頭目家族的祖靈屋，一入門就可以看到年代久遠的祖靈柱，及道婉頭目的木雕像。（張菁芳攝）

立巫儀式。嬷笓灣在立巫過程中經歷了神祕的附體與昏厥。（嬷笓灣提供）

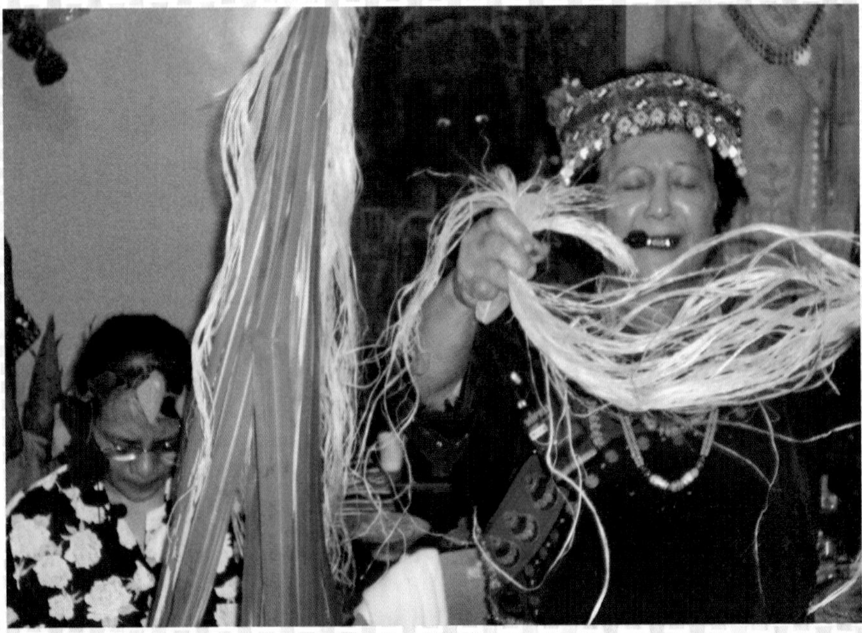

師父祖祖蔓在立巫儀式中，手持苧麻，吟唱祭歌召請神祖靈。左後方著素服者為嬷笓灣。（嬷笓灣提供）

成巫儀式，此象徵爐毛灣自此離開師父，可以獨立執司儀式。爐毛灣的前方是師父祖祖蔓；祖祖蔓的前方則是當時的大頭目旮萊姟。（爐毛灣提供）

巫師團執行儀式時身後必揹的巫術箱，此為巫師的護身法器。（張菁芳攝）

五年祭的主祭上場前，先在部落入口處行遮護儀式，以防惡靈進入部落。（嬡芼灣提供）

首席女巫和祭司為五年祭祭竿行除穢儀式。（嬡芼灣提供）

土坂部落的五年祭是東排灣唯一從未中斷過五年祭的部落。（嬤芼灣提供）

二〇一八年的五年祭。這是大頭目旮萊妶（坐者）最後一次主持五年祭，在看到女兒嬚芼灣對儀式完全嫻熟後，旮萊妶於半年後離開人世。（嬚芼灣提供）

在頭目旮萊妶的招魂儀式中，嬤毛灣被祖靈附身，在旁的表姐啾谷為嬤毛灣拭淚。站在窗外錄影的是嬤毛灣的先生小豆，他事後發現有關頭目旮萊妶的那一段，影像皆消失。（張菁芳攝）

在隔壁村執行祖靈屋動土祈福儀式。（嬤毛灣提供）

開墾祭，揭開一系列小米祭儀的序幕。（壢芼灣提供）

以杜虹葉的莖幹折成人形意象，再將小米纏繞、置於象徵的人形上，向神祖靈獻祭新米。（張菁芳攝）

用杜虹葉摺成聖杯，用來請神祖靈喝新釀的小米酒。（張菁芳攝）

那怎麼辦？嬷苳灣不否認家傳的優勢，不過她認爲，習巫過程中，最重要的還是態度。學生可以不求甚解就跳過去，也可以一個字一個字想辦法破解，完全看自己願意下功夫的程度。

她認爲後天的努力其實大過於「頭目家女兒」這個身分。嬷苳灣也確實下足苦功，她對經文裡的每個字都努力心領神會。「當你可以理解整個脈絡，能夠清楚地爬梳出整個祭儀的緣由、神靈位階，及場域空間時，那是很有成就感的。」

掀開經文的神祕面紗後，古老的經文祭歌變成了可親的故事。在她可以條理清晰地陳述及解釋經文後，嬷苳灣對祖先的智慧更感佩服。「當我愈去了解，我發現我已愛上這個文化，因爲它眞的很有深度及厚度。」

從結巴口吃到行雲流水

嬷苳灣如此評論自己的經文學習歷程：拜師時，那時背誦經文尚結結巴巴，仍在「幼稚園」階段；等到一年的經文學程結束，則是進階到了「小學程度」，仍有點「口吃」，但已經可以順利背誦。數月之後，當她要立巫時，經文誦唱已經非常行雲流水。

如何讓自己在短短時間，在經文唱誦上有如此大的躍進？嬤芼灣說：「無捷徑，就是讓自己身心靈完全投入，一定要到這樣的程度。」她那段時期，日日夜夜，所思所想，讀的、誦的、聽的，全部都是經文。她甚至注意老師唱經文的音域、換氣等細節，祭歌哪邊要高、哪裡要低、音域的切換，及其間的精神、氣韻，她一一努力揣摩，掌握細節到這種程度。

當她覺得自己身心靈都準備好，決定要立巫時，這就是家族及部落裡的大事了。逾半世紀乾瘠的巫土壤，終於冒出了新苗。

不過，嬤芼灣很快就發現，前面辛苦的經文學習，原來都還只是習巫過程中的楔子。

長達三天的立巫儀典

在傳統排灣族社會，巫師是部落的醫護者、靈療師與祭儀文化的守護者。巫師晉升封立儀式，在部落是非常隆重的儀典，整個儀式長達三天。儀式的前置作業，除了是家族總動員外，儀式本身，更是整個部落群集觀禮的盛事！

嬷毛灣娓娓談起那個過程：「立巫儀式，必須要準備三頭豬、釀很多甕小米酒，及準備很多器具；三頭豬根本不用緊張，其中一頭豬是爸爸那邊的堂姊妹們負責，家裡出了一個巫師，對家族是大事；另一頭豬是我的兄弟姊妹們出……其中一頭豬要給師父，那是行規；立巫，師父的功勞非常大，要給師父一個大紅包……。」

整個儀典要張羅的繁文縟節不少，當家人親友忙著儀式的各種籌備細節時，嬷毛灣可也有自己的準備功課。由於儀典中自己是主角，她期許自己屆時完美登台，經文誦唱沒有瑕疵，能受到神靈祝福與接納而被授予巫珠，這也是所有立巫者在儀式中最大的心理壓力。

第一天儀式在下午三點開始，嬷毛灣帶了五根甘蔗、五串檳榔及十數甕小米酒，前往包含師父在內的眾親族家，親誦經文，並向神祖靈稟報習巫的意志。

嬷毛灣第一家就是到父親那邊的原生家庭，祭告她的祖父母，「我的祖母也是師父的老師，所以我這邊巫師的淵源很多，姨婆和祖母都是巫師。」

嬷毛灣隨後陸續去了老師家、已故的姨婆家、包家的家臣家，最後回到自己家的祖靈屋，一共誦唱五次經文，等於人間、靈間的長輩及祖先，都一起受邀見證第二天的立巫儀式。

至水源地訓練膽量

第二天清晨，天剛曚曚亮，嬤芼灣就已經在男觋等人陪同下，攜帶葫蘆瓢和竹筒前往部落的水源處取水；今天儀式的水就來自水源神。「那個水源，不是我們想像中的澎湃，它只是條小溪，但是那水不會乾枯，一直是穩定的流量。儀式的水就是來自這裡！」

為什麼要選在清晨時分去打水？

「傳說水源神之地，住了很多各式神靈；以前的神靈及祖先，並不像現代人五官這麼清晰，因為早期很多近親通婚，所以生出的子女有的可能少個耳朵、沒鼻子或面容有缺陷。你一進去那個場域，看到這些，你會不會怕？其實到水源神那裡，除了取水用在儀式外，也在訓練巫師的膽量。我那時去的時候，並沒有看到異相，但是行進間，前面的男生一直不斷用刀子在砍，這就一定要有男生陪同。」嬤芼灣那時有部落耆老（男覡）、牲禮師、三哥及一位作田野紀錄的學者，一同前往。

取完水，擔任男覡的姨婆先生董文生，在祖靈屋前，對著部落及神靈的方位，大聲呼喊，用一種彷如對天地蒼穹呼喚的聲音，告知神靈們，今天頭目家的女兒要升立巫師了，邀請神靈們一起來共襄盛舉。

接下來幾個小時，是繁冗的前置作業：殺豬、備祭品、祭告祖靈、除穢（包括祭場、立巫用具、家屋四周及所有參與者皆要除穢）。排灣族會在祭儀開始前，針對與儀式有關的場域、器物、及儀式參與者等先做驅邪除穢，以表達對神祖靈的敬重，族人相信，這樣才能蒙神祖靈悅納，恩准所求。前置作業最後是用數條茅草銜接苧麻，並將十個大小不一的竹籃，分兩組並排、疊放並架高，再鋪上一層香蕉葉及白色麻毯，及擺放祭葉的架棚等。

等到一切備妥，主角登場的神聖儀式終於要開始。這時整個祖靈屋內外，已擠滿觀禮的人潮。

神祕巫珠的落點

此時，嬿乇彎身著素服、光腳，頭上盤著荖藤圈登場。師父祖祖蔓先用藤環圈爲嬿乇灣淨身五回，接著手持苧麻，準備吟唱巫珠專屬祭歌，祈求神靈賜予巫珠。

巫珠被視爲是「通往神靈之路」，是對立巫者成巫資格的認證，也是必備靈物。不過，就在師父祖祖蔓甫要開口唱祭歌之際，巫珠卻已經神祕地降下，眾人嘖嘖稱奇。

對此特別現象，部落耆老的解釋爲：這場立巫已被神靈期待甚久；由於嬚毛灣的家族傳承與淵源，此現象被認爲是可預見的。

巫珠外形被形容很像無患子樹的果核，是立巫者受到神靈揀選及認可的印記，也是成巫過程的必要條件。不過成巫儀式中，巫珠會於何時落下，則因人而異。長輩告訴嬚毛灣：「每個人能走到這一步，都很不容易，要經歷很多過程，所以一定會降下一顆巫珠；至於落點於何時，那是無解。」

有的是一唱完祭歌，巫珠旋即落下，代表神靈已經期待很久；有的則是唱了好幾遍祭歌，巫珠才降下，這被解讀成，該立巫者可能在巫師群裡扮演的角色，比較是在背景裡準備器具。每個人被賦予的工作都不同，神祖靈透過巫珠的落點來表達意向，也挺幽默的。

戲劇性的遶境過程

在巫珠神祕落下後，嬷苣灣以麻毯緊裹著巫珠，準備要在竹籃架起的ㄇ型棚架下，以八字型繞行五圈。「根據以前老一輩的說法，這些疊上去的竹籃，每一個其實都已有神靈住在裡面或化身為神靈，遶境走這五圈，象徵後天通過神靈的考驗。」

嬷苣灣那時僅三十來歲，她看了看那ㄇ型的竹籃棚架，覺得要蹲著走這五圈根本不是問題，一定不費吹灰之力就可以快速走完。

結果開始遶境之後，卻愈走感覺愈不對，腳步愈來愈遲緩，走到第四圈時，幾乎已走不動；觀禮的人也開始發覺嬷苣灣不對勁。這時她聽到自己的呼吸聲變得很大聲，也隱約聽到在場的人此起彼落在對她喊「加油、加油！」。

這時，嬷苣灣的母親旮莱姟已經在一旁忍不住掉淚，她看到女兒整個人已「不一樣」，她不斷地跟女兒說：「加油，孩子，加油！」師父祖祖蔓也在旁打氣：「你不會有事的，加油，加油！」

嬷苣灣不知自己怎麼會變這樣，她努力想往前走，卻舉步維艱，腳像有千斤重，連跨一小步都很困難！她的腳步更慢了，呼吸聲更大聲了；這時觀禮的人也緊張了。嬤毛灣努力掙扎著向前，她在跟自己的意志力拔河，心裡只有一個意念：「我一定要走完、一定要通過考驗、一定要立巫！」

好不容易撐到最後半圈，這時，她感覺到有人踢她的腳，重心一個不穩，她倒了下來！嬤毛灣一倒下，她的大哥趕緊上前，抱她走完剩下的半圈，然後讓虛脫的她坐靠在椅子上。

靠意志力完成經文誦唱

在艱辛完成五圈遶境之後，嬤毛灣接下來還必須要流暢地吟誦九段經文，才算通過立巫考驗！「當我一坐下時，心裡的意念一直告訴我：『我一定要完成！』我想讓自己的呼吸順暢，但我感覺到不是我可以主宰，不是我的人在呼吸，是另外一個力量，這力量太大了！那是我第一次感覺被附體，我的身體被人家進來了！我的表情異常地痛苦，連發聲都很困難，我沒辦法念經文，因爲呼吸不是自己的了，我整個在跟『祂』交戰！」

看到學生辛苦地在跟「靈」拔河拉鋸，師父祖祖蔓一直在旁給嬷毛灣巫力，協助她克服障礙；母親旮萊妶也不斷給女兒力量，心疼地喊著：「加油，孩子，你可以的，不要擔心，你一定可以的！」在場每個人不斷對嬷毛灣喊著：「加油、加油！」

眼看嬷毛灣聲音出不來，師父祖祖蔓指示在場的巫師群開始下歌、起音，陪著嬷毛灣唱；嬷毛灣就這樣慢慢地跟著唱，唱完第一段，她開始接續地自己唱下去，直到唱完所有九段經文。

她過關了！

通過了嚴峻的考驗以後，嬷毛灣整個人醒了過來，有種恍如隔世的感覺！嬷毛灣說，一直到現在，她回頭看當時的錄影都還會哭；看到自己當時那種身不由己的痛苦狀，對於自己的身體被控制，一直在跟靈拉扯，那段劇烈的過程，讓她覺得不勝唏嘘，從沒想到這條路如此辛苦！

完成了神祕、戲劇性的通過儀禮後，嬷毛灣如今脫胎換骨！她拋卸原來的素服，換上一套鮮麗的傳統服飾，以巫師的新身分，盛裝接受族人的祝福！

靈間族人一起觀禮

在白天儀式完畢後，嬷芼灣卻在當天晚上做了一個夢，把白天的儀式流程整個再夢過一次。但是夢境裡出現的，卻全部是逝去的族人，等於是靈間的族人在觀禮她的立巫儀式。夢境裡，嬷芼灣一位已故的阿姨、也是母親旮萊竤的好友——佳本阿姨，在祖靈屋前，依序安排每個人的位子，整個祖靈屋前的廣場，擠滿了靈間界的族人觀禮。

無獨有偶，嬷芼灣的舅舅董豐山事後告訴嬷芼灣，他那天清晨左右，也看到祖靈屋一直延伸到入口處、刺球場那邊，已逝的族人大排長龍，一一走到祖靈屋致敬，因爲這是頭目家的大事。

白天儀式中昏厥的那一刹那，是大哥抱起嬷芼灣；但在晚上的夢境裡，在靈間抱她及幫她除障的卻是姨婆。她在夢中，也夢到表姐啾谷的外婆，她也是位巫師；姨婆及啾谷的外婆兩人一起協助嬷芼灣走完剩下的儀式。

當她醒來後，將夢境內容描述給老公聽，她老公直接一句「想太多」，將她拉回現實。「他這樣跟我講也好，我就不會一直在那個世界裡，我需要一個地氣重的人把我拉回來，幫助我平衡。」

近兩百年歷史的巫術箱

第三天是對靈力、膽識及物件氣勢進行加持的儀式。巫師行巫時必揹的巫術箱，一般是承繼自師父的信物；不過嬷毛灣的巫術箱卻是承接自她已過世多年的姨婆，由姨婆的老公、男覡董文生親自爲她揹起，具有濃厚的傳承意義。

對於這個將近兩百年歷史的巫術箱，當初是由嬷毛灣的姨婆包樂思承繼自她的師父。包樂思過世後，在家族會議裡，長輩們決定將這個一直是首席女巫揹的巫術箱留下來，不跟著入土，將來好傳承給習巫的家族晚輩。「那是距離我習巫十年前的事，當時我壓根兒沒想過要習巫，更沒想過有一天會成爲這巫術箱的主人！」

第三天的儀式，除了對巫術箱賦予靈力，也配上勇士刀，這象徵巫師的膽識。巫術箱是巫師執行儀式時必揹的法器，也是自我保護的護身工具，有著歷代巫師群隨旁引導之意。嬷毛灣說，她的巫術箱，除了放置具有她身分印記的巫珠及避邪用的刀子外，還有幾張當初姨婆放在裡面、已具相當年份的紙鈔。「巫術箱的空間單純，裡頭的靈物，不能隨便拿出來，那是巫師靈力的來源。」另外還有處理喪事專用的豬骨，嬤毛灣則是將其置放在保護巫術箱的外袋。

成爲謙卑服侍的載具

在看了嬤毛灣驚心動魄的立巫過程後，隔一個禮拜也要立巫的表姊啾谷，這下開始緊張了，想看看嬤毛灣能不能幫她「惡補」、準備一下那個過程。嬤毛灣告訴表姊，那是一個完全沒有辦法控制的過程，特別是在入神、昏厥時，連呼吸都不是自己的。

嬤毛灣坦言自己立巫前的「野心」：她不僅要立巫，她還想突破學術盲點。那時她讀了不少文獻描述立巫過程中的昏厥，「我那時很想突破學者們的研究瓶頸，因爲外人從旁邊看，就是說立巫者昏厥啊，我就想：昏了以後呢？我想看看『這個東西』要把我帶到哪裡？我想突破那個盲點，想看那個臨界點到底在哪裡？當下我的意志力還很清楚，我在想有沒有可能換我左右這股力量？有沒有辦法把自己的呼吸拉回來？我運氣運功，就是沒有辦法，剎那間這呼吸就不是自己的了。」

學術裡的智識內容，在神祕的立巫過程中，反而變成障礙。「我一方面在經歷，一方面又想當研究者，想去主導那個走向，我一直在跟『祂』拉扯，我的意志不想被劫持，但最終我還是沒辦法控制，我無法換氣，好像快窒息，我很清楚，那個呼吸不是我；那個過程極端痛苦。」

當嬤苳灣終於體認到自己的抗拒徒勞無功後，她就臣服了。「坦白講，我最後是輸『祂』，眞的輸，後來不是自己在呼吸；我最後就是交給老師，由老師替我除障。」這是嬤苳灣第一次經驗這種與靈力的劇烈拉扯，這個極具象徵性的神祕過程，讓她首度體會到自己完全變成載具，一個謙卑服侍的載具。

每個人獨一無二的立巫經歷

由於前面嬤苳灣的立巫過程太過玄祕，讓後面包括啾谷在內、陸續要立巫的學員，都不免感到壓力。結果，啾谷的立巫過程，一路過關斬將，非常平順；五圈遶境，她不僅意識正常，沒有昏厥，也沒有痛苦神情或晚上的異象夢境。

但這種情況，卻讓啾谷在儀式後的慶賀宴上，醉酒、難過地哭泣：「我爲什麼沒有昏倒？是不是祖先不喜歡我？」其實不僅是啾谷，後面的立巫者，也都很平順，沒有人在儀式中昏厥。

對此現象，嬤毛灣認爲，立巫是非常私密及個人化的過程，很難將一個人的經驗完全複製在另一個人身上，每個人的歷程都不同。不過由於她之前的立巫經驗過於強烈與震撼，在她之後的立巫者不免會想：自己的過程是不是也會那個樣子？如果沒有那樣發生，是不是自己不受神靈青睞或揀選？

不過，被神靈特別揀選，是有代價的。

在儀式中，當師父祖祖蔓見到嬤毛灣昏厥時的痛苦樣，她知道自己的學生被附體了！儀式後，她理解地對嬤毛灣說：「很辛苦吧！」她接著意味深長地續道：「你慢慢就知道，以後的路會更辛苦！」

7 被附身的衝擊

其實第一次附身成功時，我的感覺並不是喜悅，而是我怎麼會？怎麼是到我身上？會害怕從此以後別人對我有這種期待！但在這同時，我並不知道自己是怎麼做到的，不知道我接下來要怎麼做，也不知道要如何去滿足別人的這些期望！

嬤毛灣第一次上陣做招魂儀式前，她已經在師父祖祖蔓身邊見習好多年了。她習慣在師父旁邊輔佐的角色，安靜地準備祭品、擺祭葉及儀式完成後的善後，這讓她覺得安心，無意越俎。

不過，顯然神祖靈有不同的安排。

錄音筆離奇故障

嬤乇灣回憶，她第一次做招魂，其實有點被趕鴨子上架。她現在回想，都還覺得那個過程不可思議。

二〇一六年初，師父祖祖蔓因病住院，嬤乇灣到醫院看師父。那天師父看來氣色不錯，在醫院裡，師父跟她講解招魂儀式，她語重心長地說：「該給你了，這些靈力及智慧，是你們歷代先祖給的東西。這條路很辛苦，可是你不接，誰接？」師父在病榻中指導嬤乇灣如何做招魂儀式，就像往常一樣，嬤乇灣恭敬謹慎地用錄音筆錄下師父的口述。

未料回到家後，那錄音筆居然壞掉，無論用什麼方法，都無法將檔案打開。跟了她多年的錄音筆，就這樣「壽終正寢」；彷如也預示了接下來將發生的一切。

「師父一直跟我說『她會好的，（她）會和我一起做儀式』，我那時就安慰自己『沒有事啦，我就繼續跟著師父走，繼續擺祭葉，繼續做我會做的東西。』」

沒想到隨後不久，師父祖祖蔓就進了加護病房。嬤乇灣一聽到這消息，整個人呆住，感到頭暈，「師父明明說她會好，卻在加護病房，現在全部的人都在等我，我怎麼辦？我的救星不在！天啊，我怎麼做這儀式？整個家族在等我，我怎麼辦？」

不知所措下，在招魂儀式要舉行的那天早上，嬚毛灣整個人開始不一樣。

「那天我先去墳墓，因爲一定要先去墳墓招請亡魂，我召請對方的時候，我感覺『祂』從我點酒的指尖進來，我整個人在改變。從墳墓下來回到部落時，我發覺不是我在走路，我的腳變得好重。我心想：『會這麼辛苦嗎？我不相信！』

「儀式要開始時，我一直跑廁所，我的腳在抖，腳很遲緩笨重、彷彿不是自己的，呼吸變得很大聲，但意志仍是堅定的，憑藉過去跟著師父的經驗，備祭品、祭葉、念長串的經文、吟唱專屬祭歌……但就在一瞬間，我頓時失去自己的意識，進入了附神狀態。就這樣，成功了！我其實不知道怎麼成功的。」

媽媽要她接受天命

第一次附體成功，嬚毛灣當時並無自我意識；事後回魂後，她整個人躲起來哭。「其實第一次做成時，我的感覺並不是喜悅，而是覺得我怎麼會變成這樣的人，我怎麼走上這一條路，很恐懼，突然一個不一樣的身心靈轉變，然後不同的靈進來用我的身體，我爲什麼會這個樣子？」

嬤芼灣無法接受自己數秒內忽然變成不同身分的衝擊，「怎麼可以轉換成這個樣子？我想好好做一般祈福儀式就好，我怎麼可以做這個東西！我覺得自己很恐怖，我當時無法接受自己這樣的狀態！」

經歷一陣內心掙扎後，嬤芼灣帶著惶恐，前去找母親旮萊姟商量：「可以不要這個儀式嗎？」結果馬上被母親制止：「你只要成功一次，沒辦法，這個就到你了；有需要，（靈）就會找你，會透過你傳達，就這樣，一直到終老。」

母親要她接受天命，嬤芼灣卻還是很抗拒，她提到這段時期內心的起伏：「其實這個（招魂）儀式，我看得非常多，我習慣去傾聽、去看人家怎麼對話，我覺得那很微妙。但突然跑到我身上時，我不太確定我可以。那已經是很高深的法力，而且一旦做這個，就必須一直做到終老，我怕自己承擔不了，怕別人又來找我做。

「我害怕從此以後別人對我有這種期待，但在這同時，我並不知道自己是怎麼做到的，不知道接下來要怎麼做，也不知道要如何去滿足別人這些期望！」

嬤乇灣本來還想「討價還價」：「這個完全不是我要的！」母親斥責她：「這句話你不能再講了！這是零拒絕，這是不歸路！就像一個門檻跨過了，你的角色及責任不再一樣了！神靈要給你這東西，這等於是洩天機，祂是看人，要信得過，祂才給你；你的命格就是這樣，以後不准再提這個東西了！我知道你很累，但是沒有辦法。」

巫師也需要自我修復

累的其實是儀式完成後的身心修復。

排灣族的傳統祭儀（palisi）很多，分爲個人性的生命儀禮與公眾性的歲時祭儀。個人儀禮是排灣族人於生老病死不同階段所歷經的生命儀式，諸如生病祈福、成長儀式、喪葬儀式等；招魂儀式在生命儀禮中，屬於較困難的儀式。

在嬤乇灣的經驗裡，招魂儀式的準備及儀式結束後，都很傷元氣。她提到，以前自己的師父就不太願意做招魂儀式，也一直告訴人家不要叫她做這儀式，因爲她做完儀式要去醫院吊點滴，「有時沒辦法，還是要藉助外在醫療，才能藉此舒緩，強迫自己休息。以前師父在講這東西時，我一直以爲可能是她年紀大，沒有辦法承載及負荷這東西，所以她不做這個儀式，用高價位來抑制需求量。」

後來輪到嬷毛灣時，儀式完成後，「我就覺得不對勁，整個人都暈眩，隔天也沒辦法好好上班，整個人暈暈的，那樣開車也很危險，其實就是魂還沒有回來，整個人沒有辦法定住。後來就想，算了，還是去找個醫生，打個針。醫生都會給個原因，說是『暈眩』或『中耳失衡』，我就聽一聽，沒關係，反正我就打個針，那個針會強迫讓人睡覺，就會比較舒緩；如果睡眠不足，想睡又無法睡，會更六神無主、更恍神，這樣就會持續頭暈。」

嬷毛灣在儀式完成後需要的修復期，短則數天，長則兩星期。若她儀式接得比較多，身體的反應也會強迫她休息。她提到有一回，剛好有個時間點，她有五、六場的密集儀式，每場儀式都只間隔兩天，「到最後兩場的時候，我覺得我的身體已經有點負荷不了，然後就莫名地失去聲音，這時候我大概知道我會一個月沒聲音，只能多休息、多喝水，最後也眞的足足一個月沒有聲音。」身體以自己的方式發聲：它也需要被照顧、被尊重。

教徒弟如何拒絕被附身

附身能力雖不是自己主觀能決定，不過嬷毛灣提到，在被附身前，還是有關鍵的幾秒，是自己可以掌控的。「當巫師一個很重要的基本功：必須懂得如何保護自己。當知道靈快要來附身時，『那個』是什麼，要能去擋。我允許，你才能進來；我不允許，你不能進來。」

嬷毛灣的徒弟露古絲，就是一個很容易被附身的人。露古絲動輒就被附身，次數頻繁到還一度被人懷疑眞實性，「什麼靈都來用你的身體時，你如何判別來的靈是善？還是惡？這最基本，你要懂得自我防護。」

徒弟容易被附身的情況，一度讓嬷毛灣很擔心，「我一直在想怎麼去化解她這個狀況，太容易被附身，對巫師並不好，因爲不知道來附的是什麼。」嬷毛灣一方面覺得徒弟的出現是在幫她分流，但另一方面又覺得徒弟太過頻繁被附身，很辛苦，也很危險。「我也擔心她的安危，可是在儀式中，我又必須很專注，無法顧及到她。」

嬷毛灣於是找徒弟過來討論，教導她如何拒絕不明的靈前來附身：「你仔細去回想，

『祂』要靠過來前，都有幾秒的潛伏期，會有一些訊息讓你知道，『祂』要過來了，當那訊息來時，快則三秒，慢則五秒。那三秒內，你整個人眼神就換了，就不是你了；所以那關鍵的三秒，你覺得不對勁，就要趕快離開那個位置，你移動空間位置，讓祂知道你不想被附身，不要在那裡傻傻等祂過來，你一定要保護自己。」

結果後來的一場儀式，露古絲就一直在儀式中走進走出。儀式結束後，嬤毛灣問徒弟情況如何，露古絲吐大氣：「噢！這些靈眞的很強！」原來是儀式進行時，露古絲不想影響到嬤毛灣的狀態，所以一感覺到有靈要過來依附時，她就起身出去。「可能其他人都覺得很奇怪，露古絲怎麼一直進進出出的；當靈很強時，我在做儀式，她那裡也會被附身。」

如何判斷是否可以允許前來的靈附身？嬤毛灣說：「我會等待，因爲召請靈之前，會有很長的儀式，是我邀請靈過來，而不是不請自來；那種突然要進來的靈，你要判斷。其實縱使召請靈，我並不知道祂會不會進來，但是你剎那之間，就轉變了。」

露古絲容易被附身的體質，讓她在儀式中成爲嬤毛灣的另類搭檔。「其實她是在幫我分擔，要不然全部（靈）都到我這裡來！她整個人會變，有一些訊息是透過她，她可以和我『對話』，然後我就知道是誰（附身）。」

嬤毛灣提到，有一次處理一樁部落裡的意外死亡事件，「露古絲被附了身，男生都抬不了她，我一見這情況，馬上開始儀式，我一過去，一開口，（靈）就跑到我這邊來，她整個就安靜下來。」

兩個兒子當護法

那一次的招魂儀式，「每個人都說我差一點被車撞，因爲我當時已經看不到、沒有意識。我就只看到路中間有影子，不規則、又似梯形狀，像車子扭曲，我就指示大家『在這裡擺祭品』。整個儀式做完後，我意識到很熱，這才知道原來我選了大太陽底下做儀式。我表姊啾谷告訴我『是你自己挑那個地方』，但我明明看到那個地方是陰涼的，像樹蔭下；後來才知道，原來那是對方在告訴我，他在那裡發生事故。」

另一次舊部落尋根，嬤毛灣看到她表姊啾谷，毫無預警地一手掌打下去，表姊被這突如其來的一摑，直喊「好疼！」，結果嬤芼灣是被附身，整個人倒了下來。「所以這有時也很恐怖，尤其處理意外事故招魂，一定要有男生在旁邊、適時抓住，因爲不知道會發生什麼事！」

每逢這種情況，嬤芼灣兩個剛大學畢業的雙胞胎兒子，就儼然是她的左右護法。嬤芼灣十幾年前剛學巫時，兩個當時還年幼的兒子就跟著她回部落，耳濡目染，現在只要一有儀式，他們就一定全場跟，而且跟到很會抓其中的眉角。

他們的任務很特別：就是在儀式中保護媽媽。有一回，一個山難招魂儀式，兒子們早早就調度人手，一個抓媽媽的腳，一個抓媽媽的手，擔心媽媽被附身時跑得比他們快，讓他們抓都抓不住，特別是意外事故的招魂，很多難以預期的狀況。處在第一線，讓他們有保護母親的最佳應變角度。

有一回部落族人發生一起複雜意外事故，在招魂儀式前，嬤芼灣就事先告訴兒子們：「不管怎麼樣，你們一定要在媽媽後面，因爲我不知道會發生什麼事。」兩個兒子把「保護媽媽」視爲神聖任務，全程緊跟。事後，嬤芼灣發現兒子在擦碘酒，一問之下，兒子說：「你不知道那天我抓你腳時，你把我踢到一邊，踢得好痛！」嬡毛灣剎時間對兒子感到過意不去：「我完全沒意識，我當時只覺得奇怪，怎麼一直有人把我拉住！」

巫師群的集體守護

作爲冥、陽兩界溝通的媒介，嬡毛灣背後也需要團隊支持。「那種很困難的儀式，整個巫師群都要在一起，這需要群體的力量。」除了兩個兒

嬡毛灣和表姊啾谷，被祖靈選為延續巫術傳統的承繼者。（嬡毛灣提供）

子的守護外，表姊啾谷是嬤毛灣的另一個重要支撐力。「有時候我們做（招魂）儀式，表姊在旁邊，她聽我的呼吸聲不一樣，就知道我的狀態；她是穩住我的地基，這是我們的默契。」

招魂儀式的神祕過程，即使是難以掌握、未可知的附身狀態，但有表姊、兒子、徒弟等人在旁看守，縱使被附身，嬤毛灣都知道自己是「安全」的；她也很信任及倚賴這個保護網。她愈體會這份默契的不易，就愈感恩這樣的力量：「一個人會很困難，不可能單一行動，這需要巫師群共同集氣。」冥冥中，神祖靈透過不同人，以不同方式，在協助嬤毛灣的角色，讓她可以無礙地執司儀式，守護部落。

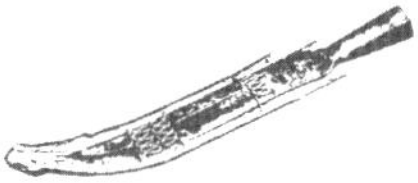

8 祖靈療癒的力量

人要過世之前，多希望和自己生命裡的重要關係做和解，但有時這樣的和解功課不見得能在往生者過世前被圓滿。招魂儀式的療癒功能，其實是雙向的，既在協助往生者安息，也幫助在世的親人放下罣礙。

即使到現在，在每一次的招魂儀式中，面對未知，嬤芼灣從來不知道儀式會不會成功。她坦言，承載太多人的期待，是她最大的壓力源：「招魂是否會成功、過程會發生什麼，這些都不是自己可以掌控的。」

不過她到目前爲止，還沒有失敗的案例。

嬤芼灣的師父祖祖蔓，以前是一年或兩年才接一場儀式；但嬤芼灣現在所接的招魂儀式，已經多到不計其數，甚至跨部落、跨鄉鎮執行。即使她每次都勸人家不要做這儀式，但選擇要做此儀式的人卻愈來愈多。

增加儀式在部落的能見度

究其原因，嬤乇灣認為，現在年輕世代對招魂儀式的接受度日增，而且會指定要做此儀式，「主要還是在於部落的口耳相傳；尤其在部落，做了這樣的儀式後，大家都會討論，相對增加了儀式的能見度。」

排灣族的泛靈信仰中，包含對祖靈的禮敬。其祖靈觀相信祖先的靈魂仍然存在，並會影響到現世，也對後代子孫的存在狀態有所影響；排灣族敬畏祖先的態度也表現在日常生活中。嬤乇灣提到，她之前主持了一場儀式，後輩清一色都是年輕人，由於往生的父親相信祖靈，但年輕孩子沒有這個信仰，也沒有上教會，孩子希望以父親的信仰來做儀式。看到年輕族人願意靜坐那兒、接受除穢及祈福，然後把父親的魂給安奉好，嬤乇灣感到欣慰。「可能我們是中壯世代，能夠理解現代的思惟，在跟傳統結合時，一般族人比較能接受。以前我的師父年紀比較大，你要請她也比較辛苦，因爲畢竟她行動不便；去轉述或解釋，族人可能也比較沒有辦法理解。我們是中文、族語都能講，和家族裡老、少世代也都能溝通；儀式結束後，我們像家裡人坐下來一起聊，沒有客套話。」

從溝通互動中，嬤毛灣也讓年輕族人更了解巫師的角色。譬如執行儀式，巫師必須謹守角色分際，要知道什麼時候進場、什麼時候不要去干預生命的自然進化。例如上回一位年輕族人來找她，想爲自己的母親做安魂儀式，以安慰親人的心。嬤毛灣算算對方母親過世的時間，發現做儀式的時候還未到，「儀式不可以提前，只能延後，否則她還沒抵達『居所』、還沒到那個時辰，你就把她強拉回來，這樣會不會太辛苦！不要打擾她，先讓她到達，再問她的狀態。我們還是要遵循自然進程，不是說請就請。」排灣族認爲人往生後，亡靈會走一段路，這路是往冥界的路，依往生者是善死或惡死而到不同的居所。若亡靈還在路上，尚未到居所便被招魂說話，祂會很累，因此認爲不要這麼快做這儀式，等其到了居所再行儀式不遲。

儀式前需做田野調查

儀式也非一成不變，還是需針對每個家族的需要「問診」，畢竟人的問題百百種，各種情況都有。嬤毛灣在儀式之前，需要先做田野調查，安排時間和家族成員坐下來聊，先認識該家族，了解家族歷史中，成員間的情感連結，是否有沒被解決的問題，或沒被治療的舊創，甚至可能要追溯到好幾代，「這有點像是家族心理治療，只是我用的是儀式的方式。了解這些背景後，才能對症下藥，要怎麼請神，用什麼經文、祭歌，這是我們必須做的功課。」

以前嬤毛灣的師父祖祖蔓常講，有人找她，她的功課就來了。「儀式前有很多前置作業，需要去感應對方的問題，有些思緒要建構、連結，也需要時間沉澱，甚至有時儀式前一天，就開始有夢境，『訊息』就一直下來了。」

實踐者與研究者的角色拉鋸

嬤毛灣與其他傳統巫師不同之處，在於她橫跨實務與學術。尚在攻讀族群關係與文化人類學博士學位的她，既是儀式的實踐者，也是研究者，這讓她有時會在兩種角色界線中游移。「站在研究者角色，在儀式中，有時我會想試探『祂』到底要幹什麼，想看看我和『祂』究竟可以拉扯多少；但站在實踐者角色，我會很想把這過程寫下來，除了幫助我自己釐清，最主要也想眞誠地告訴關心這個文化的人：『祂』確實眞實存在，不是帶著神祕色彩，或以訛傳訛。」

嬤芼巒坦言，不少人在看「巫」這個超自然現象時，因爲太多神祕性的描繪或臆測想像，容易讓人覺得很空幻、不眞實，或認爲是誆騙、迷信，「有時候我就想，我來跟『祂』拉看看，看『祂』到底要把我帶到哪裡？當我說『我不要』時，『祂』的界限在哪裡？我們怎麼去平衡？我後來發現沒辦法，還是輸給這大於自己的『超力量』，那已經不是自己意志能控制的。」

嬤芼巒就有過一次印象非常深刻、與神祖靈拔河的經驗。

「那一次到舊部落尋根，有幾個研究者及一些族人一起前往，那是部落的創建地，舊石板在那裡。我做了巫師，要走整個部落遷徙路線，這個點我一定要去，才能對部落的神靈空間非常了解，否則拿著祭葉，東西南北，往哪個方向拋都不知道；踏進那塊土地，連結感不同，能釐清很多東西。我那天一直非常認眞，加上山不好爬，那是用理智戰勝一切；因爲是在學習，我打定主意，不讓任何東西進來影響我。」

祭拜時，嬤毛灣刻意不靠近，只站在邊上，「我當時心裡想，我只要旁觀、敬拜就好，我來這個地方，就是誠心，讓神祖靈認識我。我跟神祖靈說：『我會把這個祭儀文化承接下來，一定會做好，但我不要附身，因爲修復期很累。』之後，一切進行都『正常』，我覺得，嗯，不錯，神祖靈有聽到我的祈求。

「等大家都祭拜完，輪到我上前時，我記得我媽媽以前提醒過：『只要是對著自己的神祖靈，一定要跪著，跟祖靈有連結。』結果我一跪下去，身體就開始晃動，我並不知道我的身體往前傾；我的兒子是一看到我過去，他人已經站在我後頭準備了。果然沒幾下，我就眞的倒下來，兒子剛好接住我。我只記得我說『不要附身』，但一跪，『祂』就來了。

「之後的細節，我完全不曉得。事後旁邊的人告訴我：『你剛才講話的聲音好老，是年紀很大的耆老，完全跟你的聲音不同，從沒聽過你這樣的聲音！』其實這些轉述，我並不太想聽，自個兒跑到角落沉澱，心裡想：『怎麼又來了，等一下人家都怕我了，其實我自己都會怕！』」

這次部落尋根的附體經驗，共三個神祖靈附身：創始元老、土地神靈，及頭目。「那天回到家後，當天晚上還好，但隔天早上一醒來，就發現不對勁，整個後遺症都來了。開車上班途中，剎那間，整個人天旋地轉，只能把車先暫停路邊；到了辦公室，快到位子時，又是整個人不行，我想：『天啊，如果這時候整個人倒下來，會不會太奇怪！』我趕快先穩住，用手扶著桌沿，慢慢回到自己位子上調整。就這樣反反覆覆，持續了兩個禮拜。可能是因很元老的祖靈附身，這次的修復期很久。」

儀式必須接地氣

嬤芼灣所受的高等教育，讓她可以用現代語彙去解釋儀式，增加了外人對巫師角色及儀式的接受度。不過她不認爲學巫都要有碩、博士學歷才能具說服力，「那這樣以後誰要學巫？其實我回到部落，沒有人會把我當成博士生，或以職銜稱呼我，這些反而是隔閡。執行儀式，必須在地化、部落化，要和大家都有親和力；族人看我，就是『部落女兒』啊！」

嬤苳灣本身並不認同學術界用太多理論或本位想法來詮釋巫文化，或賦予「巫」太多神祕性，「這種東西可以寫，但要很貼切，很貼近在地生活，不能從自己的想像空間去加東西，這個部分還是要有實踐者的視角。」

外人要一窺巫術堂奧，常很難得其門而入，語言往往是最主要障礙。「縱使再怎麼會母語的人，也不見得懂祭語經文，若再透過第三者去詮釋給外人或學者，那些詮釋不盡然貼切，總是有些遺憾、無法抓到精髓，仍有需要延伸、補遺之處。」

不過，學術定位，並非嬤苳灣的最終目的；文化的保存及分享，才是她最重要的初衷。「我希望釐清這些東西，學術的訓練讓我知道怎麼去清楚地建構，及如何連結出整個脈絡，最重要是我自己很清楚怎麼執行儀式。」

她笑言，沒有巫師在講「田野調查」的，其實就是去訪查、了解，「人家請我做儀式，我要去他們家好幾次，就這樣話家常聊天，讓族人能信任；我們沒這麼厲害，巫師要做的功課挺多的，這是終身的學習。」

招魂儀式整個祖先群都會出現

她認爲，招魂儀式不僅在照顧往者，也在照顧生者。特別是在意外，或生病情況下，往生者突然撒手人寰，家屬心裡掛念，會想知道往生者是否走得好；或對於生命的不理解，也會希望透過招魂來了解生死間的牽繫。

儀式中，不僅往生者的靈會出現，以此家族爲單位，歷代祖靈也會出現，透過附身於巫師，與人間親人相聚。在儀式裡，神祖靈會在巫師唱經進入入神狀態時，附身巫師，並透過巫師的口，唱出其旨意與教誨；神祖靈出現說話是有階序的，如同排灣族的社會制度。招魂儀式時間長短不一，端看招魂對象的親族大小，親族愈大者，祖靈依序出來說話者愈多。「如果儀式符合家屬的期待，或他們了解到這是往生者的命格，或已經被神祖靈帶領，他們就會比較放心。」

有時儀式中也會出現超乎預期的戲碼。嬤芼灣提到有一場儀式，往生者的弟弟，在前幾年身故。這位弟弟生前有一段婚姻，因爲家暴之故以離婚收場，前妻帶著女兒離開；他後來生了重病，在病榻中，一直希望前妻能來探望，但前妻並未出現，這位弟弟後來抱憾而終。在該場儀式中，這位弟弟雖然不是招魂的「主角」，但他的靈也出現，並向在儀式現場的前妻「道歉」。這個道歉顯然打到前妻的心坎，她在儀式後的聚會裡大哭，她說：「你知道嗎，他眞的欠我一個道歉，他眞的道歉了！」

嬤芼灣在儀式中，是在被附身的狀態，她自己在那個狀態下，沒有自我意識，她通常不知道誰出現在儀式中，多是在儀式後的聚會裡，從出席者的分享中，她才知道家族裡誰的靈出現了、說了什麼話、家屬經驗了什麼、對他們的心理意義是什麼。人要過世之前，多希望和自己生命裡的重要關係和解，但有時這樣的和解功課不見得能在往生者過世前被圓滿。嬤芼灣認爲，招魂儀式的療癒功能，其實是雙向的，既在協助往生者安息，也幫助在世的親人放下罣礙。

招魂儀式裡，有一些不爲人知的家庭祕密，也有可能不小心被祖先「洩漏」。嬤芼灣提到，有一次在儀式過後，往生者的女兒跑去以酒澆愁，後來一聊，才知道原來祖先在儀式中出現時，提到女兒的老公外遇，心疼女兒的辛苦。「當然祖先不會用『外遇』這種字眼，但用詞就是說到女兒的心痛處。我是事後經家屬轉述，才知道有這個細節；所以我們很相信『人在做，天在看』（笑）。」

儀式費用的難題

執行儀式是一項神聖的服務，但對於儀式的費用，卻很難定位，也很難用金錢交易計量。「因為我們有請神，頭目家族學巫，這是祖先給你的天賦，你要用這靈力去幫助族人，解決部落的需求，降傷害至最低，這個不能喊價，但你一定會收紅包，見個紅，不可以沒有。在過去尚未有金錢交易的時代，如果這戶族人，種了花生種了菜，就是以種的農產代替，一定要有一點點的『酬勞』；我們拿了這些酬勞之後要去謝神，這更增加我們的靈力，因為善用了靈力，而不是用這靈力去斂財。」

嬤毛灣解釋，在傳統排灣族社會的巫師倫理中，巫師的角色在協助頭目、照顧整個部落的福祉，因此屬於巫師職責要去執司的公眾性儀式，諸如歲時祭儀，一般不收取費用。但個人或家族的生命儀禮，會酌收費用，特別是困難的招魂儀式，還是會有一定的「行規」，不能隨便，因爲儀式會傷到巫師的元氣。

也由於招魂儀式非常嚴肅與隆重，一定要有牲禮（豬隻）才能做。儀式前的準備工作很多，除了巫師準備儀式器具外，請巫者（往生者家屬）要準備牲禮及祭饌、祭酒等，儀式結束後也要準備餐點給與會親族享用。嬷毛灣坦言，她一般不太願意做這種困難的儀式，因爲自己身心靈的狀態在那個過程中要經歷的一切，加上之後的修復期，中間還可能要去看醫生，「我每次都會善意地跟對方建議：『可以做一般的儀式就好，一樣的效果；如果做招魂，要殺豬獻祭，還要勞師動眾請親朋好友來，費用會較高。』有的人還是會傾向做招魂，有的族人就是選擇做一般的儀禮。兩種方式我都會跟對方解釋，很多東西先攤開來溝通。」

有的族人對於巫師能切中要害、解決問題，和巫師的溝通也能契合，給的「紅包」會特別大包；但如果包太多，嬷毛灣常也會退還一些給對方，認爲心意到就好。不過也有族人的觀念認爲，包愈多，帶給自己的福分愈多、可以化解更多，因爲儀式就像是請了神靈來家裡坐，不單只是往生者，而是整個祖靈的磁場一起帶過來。

就這樣，一傳十、十傳百，嬷笓彎的招魂儀式多到讓她應接不暇，多到兒子擔心：「媽，你這樣身體吃得消嗎？」嬷笓灣的母親旮萊姟還未過世前，看到女兒這麼辛苦，也會建議女兒因應時勢，適度以價制量；但嬷笓灣還是很難克服心理障礙去討論價錢，總覺得那違背了初衷，「我覺得做這事是一種福報，讓自己的靈力更深更廣。」不過現實狀況也是：儀式多到接不完，時間不夠排，加上巫師在招魂過程中要承擔身心壓力，基於對專業的尊重，觀念也不斷在調整。

巫師的風險性

很多東西，確實很難以有限的金錢價值度量。在儀式中，巫師要概括承受及接收的東西，是有風險的，甚至還要考慮到對家人的影響。「這個風險一直是跟我一起的，我的媽媽很了解這個風險。」嬷笓彎表示，她和母親一直有心靈默契，會相互觀察及感應彼此的狀態；而自她的外婆、姨婆以降，對於這份工作的責任及風險，也都是努力承擔。

巫師是陰、陽兩界交通的靈媒，其重要特質之一是具有過人的膽識。嬚毛灣過去與父親亡魂互動、溝通的成長經歷，加上各種夢境及意外事件的應對，一一過關斬將下，她不諱言，這些早年的訓練，已無形中造就她大於常人的心量，可以在壓力下非常鎮定。

這膽量在她第一次參與招魂時，即展露無遺。面對往生者因意外事故而殘缺的大體時，當所有巫師都不敢靠近，嬚毛灣卻可以馬上淡定地站在前面處理，迥異於其他巫師的反應。「我那時的想法是：『沒辦法，我不做，誰做？』我到後來才知道自己的膽量眞的很大。我表姐啾谷告訴我，她還沒學巫前很怕鬼，學了之後才慢慢調適。我想，她這才是『正常』人吧！（笑）」

9 姨婆入夢協助解決陳年懸案

> 我在儀式期間用的經文祭語，其實不是我在講話，那已經超過我自己了。當我在執司儀式時，很多時候我發現自己的流暢度是沒有經過思考的，就是滔滔不絕，忽然間語障也沒了，已經不是自己的話語，也不知旁邊是誰，自己變成了載具。

巫師執行儀式時，族人總是殷殷期盼，希望巫師能協助化解和親人間難解的生死牽繫。但如果巫師力有未逮呢？

儀式的結果，馬上呈現出來，紮紮實實，無法騙人。譬如族人出現夢境異象，找巫師幫忙，若做了儀式後，異象繼繼存在呢？或是現實生活中，困擾的狀況又出現了，沒解決掉對方的問題，誰還要找這巫師？

「其實我們是有壓力的，我通常最擔心的是，做完儀式後，對方的問題仍然存在。我們不能說自己法力有多厲害，就是儘量化險爲夷，最希望是儀式結束後，有達到對方的期望。」

嬷芼灣就處理過幾樁這樣的棘手案例。

她提到，前幾年大武分局台坂派出所落成，派出所地點剛好位在土坂產業道路和台坂溪的叉口上，即使警察有比較陽剛的氣場，還是有多位值班員警反應「感覺那叉路、橋面上，半夜很多『人』在那裡走來走去。」因是位於原鄉部落的派出所，警局長官決定要用部落的傳統儀式驅邪祈福；嬷芼灣的先生在警局工作，嬷芼灣就這麼因緣際會地被找去執行儀式。

「像這樣的儀式，若事先沒有做足功課，如果做完儀式後問題還存在，那我們就破功了。」所幸儀式結束後，都未再傳出值班員警反應任何異象，「表示有鎮住。」

但也有鎮不住的時候。

族人來找巫師化解困難，縱使巫師法力再高強，也不一定每次都能成功；嬷毛灣就承接過幾個上一代沒有能解決的懸案。

面對困難儀式的不安

日據時代曾有人在派出所公務宿舍附近的拘留所上吊自殺，之後只要是住在宿舍裡的人都覺得「不安寧」，各種傳言及故事都有。「媽媽曾經講，姨婆曾被找去做儀式。姨婆巫術這麼高段，但儀式做到一半，她覺得不對勁；對方怨氣太深、不願意放。姨婆覺得壓不過，就決定不打擾對方，儀式並沒有完成。後來我的師父祖祖蔓也被找去做儀式，也覺得非常難，沒有把握完成。」

多年後，現在換嬷毛灣上場了。

「姨婆、師父那麼厲害的都做過儀式了，問題還是在，那現在我該怎麼辦？」遲疑的嬷毛灣，去找母親旮萊妶求救，旮萊妶只拋了一句話：「你自己去想吧！」意即要嬷毛灣自己做功課、想辦法處理。

嬤毛灣通常在一場儀式前，必須先沉澱一個多禮拜，特別是很困難的儀式，還必須要等待及傾聽夢境，「夢有時會帶來很多『訊息』，祖靈會知道我擔憂的東西。我那時每天清晨第一件事就是祭告祖靈，我向外婆、姨婆請示：『現在換我要做這儀式了，你們以前都做過（這儀式），知道困難點在哪，我們一起集氣好不好，我需要你們從另一個空間幫我。』」

嬤毛灣不諱言自己面對棘手儀式的壓力。除了祭告祖靈、請求協助外，她也必須在儀式前摒除自己擔慮與恐懼的情緒，才能以最佳狀態、毫無懸念地執司儀式。嬤毛灣回憶，該場在公務宿舍執行的儀式著實耗費她很多精力，儀式結束，她汗流浹背，整個人感到疲累虛脫。不過從此該宿舍，未再有不安寧的聲音傳出。

姨婆入夢指導儀式

對嬤毛灣而言，每一場儀式的成功與否，代表的不僅是族人的問題有無被解決，儀式的結果也牽動到部落族人對傳統巫術的信心。

深知自己角色的任重道遠，嬤芼灣對儀式的前置細節，完全不敢怠慢，虔敬對待。她對姨婆包樂思密語：「您很清楚我現在的困境和擔憂，我需要您的力量，我們一起做（儀式）；您應該很慶幸，現在還有族人願意相信、並求助於我們這個巫術，您一定也希望這巫術能夠幫到人。」

姨婆包樂思，當時是東排灣巫術最高的女巫。（嬤芼灣提供）

嬤芼灣的姨婆包樂思於一九九九年過世（享年七十三歲），她離世時，據說擁有十二顆**zaqu**（巫珠），巫術相當高明；巫珠會隨著巫師巫力增加而增生，數目愈多，意即巫力愈高。姨婆雖然已經過世二十年餘載，但透過夢境的傳遞，嬤芼灣和姨婆一直在精神上相繫相通。若遇困難的儀式，嬤芼灣更會感應到姨婆的存在，「現在都是我們一起聯手，她感知我的憂慮，就會入夢來指導我。」

嬷毛蠻提到這麼一樁横跨數代、當年姨婆沒有能「鎮住」的個案。

當年這戶人家的父親，處於一種心神不寧的不安穩狀態，感覺到有什麼惡事即將要發生。他遂求助於嬷毛蠻的外婆及姨婆，姊妹倆也去做了儀式，但儀式進行到一半，她們都覺得不對勁，於是迅速將儀式收尾，也讓對方知道沒辦法完成儀式；這位父親一個禮拜之後，即不幸因山難而過世。「我想冥冥之中，姨婆當時就已經知道『壓不過』了。」

這位因意外而亡的父親可能因死不瞑目，後輩子孫不管到哪裡，都會碰到有通靈者跟他們說：「你們的爸爸一直在外遊蕩，很辛苦，想回來，但回不了家。」接收到這樣的「訊息」後，孩子也覺得家裡多年來就是「不平安」，發生很多事情，大家互相猜忌，家族也缺少凝聚力。

於是，這位父親在過世三十年後，他的後輩再度前來尋求巫師幫忙，希望能接引他們的父親「回家」。嬷毛蠻接到這麼樣一樁自己的外婆及姨婆多年前處理過的懸案，內心不免有許多疑慮：「這情況姨婆她們之前都壓不過了，現在換我去，我壓得過嗎？而且已經隔了這麼久了，老實說，這種東西我也會擔心。」

對此儀式的焦慮與不確定感，讓嬤芼灣在儀式之前，每天誠心召請祖靈集氣相助；而她的姨婆不負所託，也果真就出現在她的夢境中。

「我夢到姨婆，她拍拍她的腿，要我去坐在她的腿上，她就唱祭歌，我跟著哼，哼完之後，就看到姨婆在一個角落執行儀式。她把儀式整個做一遍給我看，那個過程、那個感覺，要自己去意會。我醒來時，雖然沒有辦法覆誦祭歌的所有內容，但我清楚地跟著唱、跟著做儀式，也清楚地聽懂她在講哪些經文；這樣的東西，讓我相信，她是存在的。」嬤芼灣這樣的經驗，根據母親旮萊姟的說法，就是冥冥之中祖靈已經從靈間挹注力量進來。

這場難度甚高的招魂儀式，也耗蝕嬤芼灣甚多精力，過程非常辛苦；儀式一完成，她頭痛欲裂，感覺自己狀況不是很好，之後的修復期更長達兩個禮拜，中間還看了兩次醫生，治療頭痛。

根據當時也在場的表姊啾谷事後的描述，那一場招魂的氛圍，也和以往很不同，出現的祖靈所溝通的事情也不一樣。或許因儀式本身療癒了家族，在儀式之後，沒有再聽到這戶人家有反應後續問題，曾經的「不平靜」也終於得到緩解及平息。

外婆交纏的雙腳

在嬤毛灣的經驗裡，通常意外死亡的招魂會很挑戰，特別是意外死亡後，若過程沒有處理好，亡魂沒有順利過渡，怨氣就會很深。排灣族相信，意外而亡的惡靈，因到處飄蕩居無定所，很難得到安息；也因無法得到安息及滿足，會一直處於索求狀態。不過嬤毛灣也坦言，儀式的結果有沒有符合族人的期待、問題有沒有被解決，其實也牽涉到因果。她提到另一樁來自上一代、怨氣沒有被化解的懸案。

部落裡一戶人家的女主人被診斷出罹癌，已是末期，即使認眞就醫，病況仍無改善。雖然太太爲基督徒，但先生篤信傳統信仰，就來找巫師幫忙。嬤毛灣鼓勵對方先用自己信仰的力量安頓身心；不過先生還是希望巫師能幫忙，嬤毛灣答應盡力試試看。

在對家族歷史進行了解及田調時，嬤毛灣發現該戶人家數十年前曾經發生過一樁難產悲劇。「我外婆以前是助產士，部落以前幾乎都是她接生的。當時這戶人家的產婦已經臨盆，因難產，急忙找我的外婆幫忙；外婆到現場一看，啊，已經回天乏術！

「後來外婆在回家的路上，在我們家斜坡旁邊的小徑上被絆倒，雙腳像嬰兒般地交纏，無法打開，沒辦法走路。我媽媽看情況不對勁，趕緊叫姨婆來處理；姨婆一看，就覺得對方怨氣很深。外婆後來回到家，就生病了。姨婆之後去這戶人家做儀式時，也覺得很不好處理，因是一屍兩命，對方怨氣一直在那裡。」該戶人家後來在事故發生之處，安置了個水塔，該地方一直是陰溼的。

因緣流轉，多年後，嬤芼灣現在被找去該戶人家做儀式。說來玄妙，「我人一到『那裡』，腳忽然就沒有力量，直接就讓我跪下，我就知道是『那個地方』，我後來把『祂』移到一個專屬的空間角落，不去打擾『祂』；之後就比較安寧了。」

不過對於這個案子，嬤芼灣還是有些不確定感。當時在執行儀式時，男主人並未在家，而在場的女主人則是信仰基督教，雖然女主人對儀式並不排斥，不過嬤芼灣認爲，這種東西能不能幫到對方，端看個人接受度；有信才會靈。

儀式後一段時日，嬤芼灣再度碰到女主人時，對方告訴她，她精神比較好了，也比較舒服；但隔了兩年後，對方還是離開了。嬤芼灣認爲，醫生已診斷是癌末，巫師沒有那麼大的功力能扭轉病程。「這種東西還是有因果，就是儘量把傷害降到最低，延緩一些時程，或是只有一人受影響，而不是整個家族連莊。只能盡力做到這樣。」

祖靈力量的護持

執司困難的儀式，巫師不僅壓力大，身心也承載風險；而儀式成功與否，更是部落族人會討論的話題。巫師對於儀式，也有自己的感應方式。「我自己在做儀式的時候，其實就會感應到儀式做得如何、順不順。」嬤芼灣提到，每位巫師的感應方式都不同，她的感應是從指尖進來，她一丟祭葉，指尖就明顯有感應；表姊啾谷的感應則是腳會麻；巫師團另一位巫師林秀蘭習慣綁馬尾，她則感覺自己的頭髮會彷似被拉扯。

執司儀式至今，無論儀式如何困難、棘手，嬤芼灣尚未有鎮不住的案子。不過她認爲，很難以此來誇口，因爲只會有愈來愈複雜的案子前來求助。「我們還是要很謙卑地領受這些訊息，沒有人能保證每一場都成功，只是很慶幸地，我們截至目前，每一場都有盡力處理好。」

曾經有一位屏東古樓的老巫師，在親自看了嬤芼灣的儀式後，評論道：「這位功力很強！」嬤乇灣事後經人轉述而聽到這句話時，她認爲，這些其實不是自己很強，而是她虔心召請祖靈幫忙。「若說自己的力量『很大』，其實是來自背後祖靈的力量，祖先很信任我，所以會跟著我。到現在，我覺得我的靈力是來自姨婆，特別是困難的儀式，姨婆會知道我的擔憂；如果我沒有擔憂，她不會出現。」

「我在儀式期間用的經文祭語，其實不是我在講話，那已經超過我自己了。」她提到，當她在執司儀式時，很多時候她發現自己的流暢度是沒有經過思考的，就是滔滔不絕、一直出來，忽然間語障也沒了，已經不是自己的話語，也不知旁邊是誰，自己變成了載具。

她坦言，習巫之初的轉變期，那時對於被附體，會有很多抗拒；但現在她已經習慣這樣的「存在」，甚至會倚賴這樣的力量。「我感覺『祂』在，我信心就會來，那也是我一個安定的力量。」

部落裡懂得儀式的老人家，在旁邊看嬤乇灣執行儀式，看著她行雲流暢地念一長串困難經文；看她在五年祭時，縱使身形嬌小但超乎常人的力量與速度，甚至旁人連騎摩托車都追不上她，不禁說：「這個已經有神靈進來了！」

10 師徒關係的神聖承諾

「有一天我走了，你就接棒這個祭儀。你如果執司得很好、很厲害的話，這個就是我的『名』，因爲你是我的得意門生。」一句「得意門生」，道盡師父心境上的轉折，也表達了對徒弟深切的期待與祝福。

嬤毛灣在立巫儀式中被附體的身不由己，冥冥中，似乎已在預告接下來她將被賦予吃重的靈媒角色。不過在完全獨挑大樑之前，她還需要學習更精進的巫術；其中，很多的學習，都在不經意間。

立巫之後，有長達十年的時間，嬤毛灣和表姐啾谷，都是休假日配合師父祖祖蔓。只要一有儀式，她們沒有二話，就是帶著錄音筆，跟在老師身後，忠實地記錄所有過程；而後在適當時候，帶著問題伺機請教老師。

比巫術更重要的學習

這個「伺機」很多時候是非正式的，而且要營造讓老師願意傾囊相授的氣氛。譬如陪老師吃飯、幫老師買個酒，然後老師在微醺之後侃侃而談，那個才是經典。「其實很多精華是在後面，你要把那些談話錄下來，不要刻意一直問老師問題，就是話家常、有技巧性地問，老師滔滔不絕時，經典的東西就會出來。」

怕自己的角色被徒弟取代，這是人性的微妙。嬤乇灣其實非常可以理解這種人性的幽微，畢竟師父不是來自同一個家族，多少會有一些不安全感，擔心後輩冒出頭後，許多儀式會不會慢慢被接手？因此之故，嬤乇灣在和師父互動時，會特別注意禮敬師父，以師父爲尊。譬如回到部落時，會買檳榔、帶吃食給師父；過年過節想到師父、包個紅包。

「你對老師愈禮敬，老師就願意釋放更多。這裡面，不是只有學習巫術，還有心理等不同層面的東西。有很多禮數及倫理，很多東西不是那麼理所當然的；學習巫術之外，更要學會做人，要會尊師重道。這都不是書本會教的東西，是你和另一個人的互動，你要去揣摩老師的意思及需要。」

後浪推前浪

立巫後，其實還沒有學完所有祭祀儀式，嬤苌灣跟在師父祖祖蔓身邊又見習了很多年；到後來，師父祖祖蔓身體不好，行動力也日漸衰退，師父慢慢意識到：後浪在推前浪，該要讓新世代承接了。徒弟行動力好，求知力旺，讓祖祖蔓深感承傳有人；她開始跟嬤苌灣口述較進階的巫術。

嬤苌灣坦言，由於部落族人對頭目女兒成巫的寄望，會期待她接儀式，也會給她機會。「尤其家族的人比較倚賴傳統信仰，會自然而然地找我、給我機會，這其實也逼我要做足功課、要去成長。譬如九段經文中，我要用哪些詞、該請益哪個神靈，我自己會靜下來，去回想我和師父學這些儀式的整個過程。」

一剛開始，嬤苌灣接的多是簡便的一般性儀式，諸如新厝祈福、家中納福、孩子命名、考試求運等。若碰到比較重的困難儀式，她就會求助師父，請師父出馬。嬤芼灣不斷在一場又一場的儀式中累積經驗；在那幾年，她和表姊啾谷逐漸成爲師父的左右手。看到徒弟成長，能夠青出於藍，祖祖蔓甚感驕傲與寬慰。

二〇一四年，逾八十歲的祖祖蔓，走起路來已感吃力，她心裡明白：交棒時刻來臨了。那年夏末，她爲徒弟嬤芼灣舉行了出師儀式。這意謂徒弟從此離開師父，可以獨立執司儀式。不過儘管如此，嬤芼灣仍持續著與師父的學習關係，把握任何可以精進巫術的機會。

哭不出來的哀傷

二〇一六年的春天，師父身體每況愈下，頻繁進出醫院。那天午後，嬤芼灣特別請了一個下午的假，去醫院照顧師父，也讓家屬稍稍喘息。那個下午的陪伴與照顧，師父出奇地好轉，坐起了身子，精神奕奕地訴說她「巫的傳奇一生」，嬤芼灣靜靜聆聽著，錄音筆也不離身地開著。

之後，師父沉重地說：「該是時候了，這些靈力及智慧源自妳的頭目先祖及巫神們，我該交給妳了，這是妳們家的傳承，我何其有幸這一生擁有過。這條路眞的很難、很辛苦，但這是妳的天命、妳的天職，妳不用過於擔心，祖先們都會在旁守護著妳，不論是人間或靈間，對妳的期許都很高，大家都需要妳，妳必定會很強、很棒的。」

師父同時用盡最後的體力，把招魂儀式完完整整地傳授給嬚乇灣。之後，師父病情惡化，當天晚上轉進加護病房。兩天後，包家首席女巫祖祖蔓離世，享年八十三歲。

嬚乇灣初聞師父過世那刻，整個人放聲大哭；但到後面，卻心情緊繃到完全忘了哭這回事。

祖祖蔓在世時，場場喪葬儀式的執行，嬚乇灣就是跟在老師身後，心裡很有倚靠，心想著反正老師在，不用怕，自己就是見習，頂多擺祭葉、放器具、了解一下方位。

沒想到首次要獨當一面的儀式，就是老師的喪禮。嬚乇灣頓時像個一夕間要上考場的考生，當時的心情很惶恐：「老師這麼厲害，我爲她做儀式，她都聽得懂、看得到，那個壓力程度不一樣！」在老師出殯前，嬚乇灣每天晚上密集看老師過去的影像檔、回聽錄音、複習已整理的資料；每個功課、每一環節，務求努力做足準備。

「當自己是主祭者，你要帶領那個儀式，換你做『班長』，你不得不精進；然後又擔心那是你的老師，她都聽得懂你在念什麼，那是眞的沒辦法哭了，哭不出來。你只想完整地完成儀式，讓老師安詳離開，那時深感任重道遠……。」

師傳有人

嬤芼灣的師父祖祖蔓（一九三三至二〇一六年），漢名朱連金，出生於日治時代的舊部落大谷社秦巴朗一帶，八歲就學巫，擔任包頭目家族的專屬巫師逾七十載。在過去沒有文字的時代，無論是祭祀經語，還是部落歷史脈絡，皆刻印在這位老巫師腦海裡。在部落，她本身就是一部巫術傳承的活字典。在她過世前十五年，她升任爲包家的首席女巫，並於二〇〇七年鄉公所開辦的女巫培訓班裡，教授巫師傳統與祭儀文化，首期即栽培了包括嬤芼灣在內的七位女巫，讓東排灣的巫術文化得以傳承。

她曾經語重心長地對嬤芼灣說：「有一天我走了，你就接棒這個祭儀。你如果執司得很好、很厲害的話，這個就是我的『名』，因爲你是我的得意門生。」

一句「得意門生」，道盡師父心境上的轉折，也表達了對徒弟深切的期待與祝福。

在師父的棺木前，徒弟們用杜虹葉、豬骨頭，爲師父進行儀式；將祭葉放在師父右手，再由嬷乇灣接下，象徵師父的靈力、智慧及能力，傳給了她的得意門徒。

幾年後，嬷乇灣也有了徒弟。

徒弟的父親過世時，嬷乇灣爲其執司招魂儀式。喪禮結束後，她告訴學生：「你現在會哭泣了，因爲你已把父親的儀式圓滿完成；責任卸下後，你開始會感到哀傷了。」

學生不解：「您怎麼知道？」

嬷乇灣心有戚焉地答道：「這是可以想見的；我師父過世時，這就是我當時歷經的心境！」

徒弟非自己找來

隨著老一輩巫師的逐漸凋零，土坂部落有幸在老巫師祖祖蔓的晚年，及時將瀕臨失傳的巫術傳給了新一輩；現在薪傳的火炬交到了嬷茫灣手上。

對於文化傳承，嬷茫灣倒是看得泰然。她以過來人的經驗認爲，習巫及立巫的過程很艱辛，都必須要自己有意願，無法勉強。「如果是爲了滿足家人的期待，或是因家族命脈的傳承等原因，那給自己的壓力眞的太大了。」

她認爲傳承必須要發自內心，而不是流於表面形式。「如果有心，自然而然就會牽引你去接觸這巫術；使命及傳承，都是後來自然的發展。」她也相信，徒弟不是自己汲汲去找來的，是由神祖靈安排的。

嬷茫灣現在有兩個徒弟，露古絲及廖新妹，也確實冥冥中皆是天命帶領，都不是嬷茫灣自己去找來。有人願意學巫，嬷茫灣樂見其成，不過剛開始，她也必須觀察對方習巫的決心到什麼程度。

兩位徒弟的其中一位，露古絲，其實並非來自土坂村。露古絲來自台東新園的卡拉魯然部落，距離達仁鄉土坂部落逾五十公里，她每次上課皆要兩地長途奔波。而嬷茫灣第一次見到露古絲時，也沒有馬上答應對方想學巫的請求；雖然露古絲的母語非常好，但嬷茫灣仍覺得需要評估對方整體的情況。在見過不少習巫者於最初的學巫熱忱消褪後、行動力沒有辦法持續的情況，嬷芼灣對於來求教的習巫者，並不急著馬上教經語，而是從倫理規範先開始。從她自身的經驗來看，她認爲巫師的角色倫理很重要，這必須先教，確立習巫者的心態已準備好。

第二堂課，露古絲繼續準時前來報到。嬷芼灣跟她說：「這個很難哦！」露古絲完全沒有打退堂鼓之意，她跟嬷芼灣說：「我很早就決定了，都準備好了！我現在孩子都大學畢業了，已經沒有牽掛，我要做我應該做的！」

露古絲的兒子是嬷芼灣兒子的學長，她們是透過孩子認識。露古絲亦是來自巫師家族，她的 vuvu 也是巫師，不過因結婚生子，她年輕時錯過學巫的因緣；孩子成年後，露古絲想重振家族的巫師傳統，但部落裡祖輩卻已凋零，已無人可以指導她。後來透過兒子牽線，她認識了嬷芼灣，決定不辭辛勞，跨部落拜師學巫。

第三堂課，嬷芼灣只讓露古絲念一小段經文。她當時心想，對方大概會被經文的難度嚇到，下一堂課可能就會知難而退了。但是露古絲接下來兩年，每堂課都準時報到。

不過路程的遠或經文的難，還不是主要的障礙。「她沒有讀書，像這些經文，我們是用羅馬拼音，你如果不會羅馬拼音，你可以用英文套上去，反正你自己看得懂就好，我們就會寫得很快；她不是，她只有國小畢業，而且她是用注音符號。我很佩服她的學習精神！她起先很不好意思，她就慢慢寫，然後她覺得我們都用羅馬拼音、都是知識份子，我跟她說：『沒關係，你就拿出來。』我就跟著她看、跟著她拼，她還一直跟我說：『我很笨，你慢慢來，你不要急著給我太多東西，你也不要有壓力，要不然我也會有壓力。』她說她慢慢學，但是她很有那份心！」

對於習巫，嬷苞灣不畫彩虹大餅。「我在教徒弟時，前面三堂，其實都還是在試探是不是真的有心要學。我會舉很多實例，有關巫師的角色倫理、道德規範、巫師與部落的連結與職責等等，如果聽到這些，覺得責任太重、無法勝任，或是內心有衝突，或因語障太大而萌生退轉心，那都沒關係，可以不要繼續，畢竟這是一輩子的功課。但如果願意承接這樣的使命與職責，再去背這些經文，很奇怪，你不會忘記。」

有心、有意願，就會有學習動力，再大的障礙都會克服。為了精準學習經文的發音，露古絲買了錄音筆，連工作時都戴著耳機聽經文；老師說她咬字不夠清楚，她就一遍遍地聽錄音，甚至每天早上兩點起來念經文。「她眞的就是把自己弄得神經質那種，眞的全心神的投入！」

神聖的承諾

當整個經文課程結束後，嬷芼灣並不知道露古絲是不是要立巫。「是否要做巫師，這是很個人的決定，這要她自己提出來。但她一決定要立巫，我的壓力就來了。只要我收你爲徒弟，我們就是生命共同體，你整個狀態就是我的責任。」

而露古絲立巫後，很容易被附身，這其實從她的立巫儀式裡，即可見端倪。嬷芼灣提到，露古絲在走八字遶境時，也是被附體而昏厥，最後是由兒子把她撐起來走完。

不過並非所有巫師都會被附體，習巫者是否具有容易被附身的體質，從立巫過程中的反應其實已可略見一二。譬如嬷芼灣另一位徒弟廖新妹，亦是感應很強的人；嬷芼灣當初爲廖新妹消除語障時，「我就感覺那個電流進來了！我心想：『噢，這個學生很強！』之後的立巫儀式，我爲她吟唱降巫珠祭歌時，巫珠降下來那一剎那，我整個人被重重一擊地推開！我就知道巫珠下來了。這是無解的，很難解釋這種經驗。」嬷芼灣表示，如果從這樣的軌跡去回溯，似乎可以看出是否未來可能要承接招魂儀式。

決定立巫，是對神靈很神聖的承諾。「眞的立了巫，就要做好。如果立了巫，但不去做，這是辜負神靈的交託，對自己並不是好事，甚至可能影響到後面子孫，所以立巫前自己要想清楚。同樣地，拜了師，也不能因爲今天跟師父有什麼問題，就另拜他人爲師；一旦拜師，就必須從一而終，不能中間換師父。所以在找師父之前，這些都要考慮清楚。」

學生拜師很愼重，師父收徒也同樣嚴肅。師徒之間，除了是很深的互信與倚重，也包含倫理與其間不離不棄的責任。「我不會勉強收任何學生，我覺得我這兩個學生，都已經和我是生命共同體。我們就像是家人，她們的狀態也是我要承擔的。」

像家人般的師生情誼

嬷芼灣的兩個徒弟，年紀比她略長，相處上，她們就像家人般互相照顧。譬如露古絲去挖生薑，嬤毛灣下班回到家時，就會看到家門前已經掛了一串生薑；廖新妹種辣椒、香菇，嬤毛灣回到土坂時，廖新妹就已經幫她備好一整袋。

除了小節會去想到對方的需要，最重要是每次只要有儀式，露古絲及廖新妹一定會事先排好祭葉、準備豬骨。「這些前置作業，有人先打點好，這就差很多；若要學巫，這個就是基本功。」

五年祭期間，十天的祭典，每天要用的器具都不同。每次儀式結束，兩位學生會先問嬤毛灣隔天要準備的東西；第二天，嬤毛灣到現場時，兩人已經打點好一切。「我很信任她們，也很欣慰；很多儀式，我告訴她們怎麼做，她們現在都可以獨立執司。如果學生沒有熱忱、沒有行動力，我大概也會觀望，這都是相對的，因爲我們並不求任何回報；如果學生認眞、也願意學，老師給的東西也會不一樣。」

學巫也需成熟的因緣

早年的巫術傳授是一對一的師徒制，學生拜師學巫後，必須離家與師父同住。如果拜師時，學生已婚，則須與先生（暫時）分居；若是未婚，學成前則不能交往異性朋友。嬚芼灣習巫時，已經三十五歲；她自己、表姊啾谷及兩位徒弟，習巫時皆已結婚生子，已很清楚習巫是她們要選擇的道路。

對她們而言，在習巫之前，都有一些特殊經歷及徵兆，「生活中發生很多事，與靈間的東西有關，讓你理解到不能不學巫，這就是天命，已經一步步牽引你進來。」譬如廖新妹就說，太多事件讓她體認到必須學巫，祖先也一直託夢，她早已做好心理準備；露古絲更是克服重重阻礙，包括不畏部落一些誤解的眼光，才讓卡拉魯然部落能在文化斷層多年後，產生了七十年來第一位女巫。

嬚芼灣不諱言，從現實的角度來看，她們學巫的時間點及身心靈狀態，都在人生成熟的階段，才決定走巫師這條路，這有其優勢。她認爲，習巫過程艱辛，會面對很多考驗，若是習巫者年紀太輕，還在摸索自己的方向，尙未經歷過結婚生子等階段，可能一場戀愛、信仰的不同或另一半的反對等現實因素，就會出現抉擇的難題。

「宗教也是一種緣分，你有這個緣，就會慢慢被帶領。我們這幾個人，都是毅然決然地想走這條路；先生也都非常支持、配合，孩子也都有自己的想法，也認同父母在做的事。所以我們是時機到了，就很全心全意地做好這個角色。」

實作經驗無可取代

近些年，嬤毛灣也看到一些後輩的年輕巫師，母語能力有限；雖然立了巫，但無實作經驗，也無法執司儀式。對於這種速成立巫的陷阱，嬤毛灣甚有感觸：「其實巫師要修行、內化很多東西，我們都是神職人員，其中角色分際如何拿捏，也是要學習的；並不是今天立了巫，然後都不參加儀式，繼續停留在念不出經語、只有做動作，這種形式化的東西很危險。」

立巫前，一定要會背經文；但背了經文後，實務上會不會應用、能不能理解，又是另外一回事。「儀式分這麼多種，有歲時祭儀、生命儀禮；生命儀禮還有這麼多不同，每個族人及個案的需求都不一樣，這些狀況你要怎麼處理？如果習巫者的族語能力很弱，那困難度會更大。這是為什麼學巫時，第一關就要消除語言障礙，可見其中的難度。即使立了巫，能不能獨立執司儀式，這仍有一大段學習的路！

「其實這些基礎經語只是學巫的基礎而已，會了這些，還不叫『巫師』；老師會分享很多故事與因果，前輩的經驗也都可以交流，這些故事並不是神話故事，是活生生的例子。千萬不要爲了鞏固頭目的位子，或家族的壓力而立巫，這是責任，這條路很困難；如果覺得都準備好了，那我們一步步來。」

嬤芼灣從小就看長輩主持歲時祭儀，自己成巫後，親自上陣執行儀式，讓她有機會將儀式實務與早年的生活記憶重新連結。這些點點滴滴的習巫養分，豐沃了習巫者的土壤。

但儘管已是部落的首席女巫，嬤芼灣多年來對自己的角色一直戰戰兢兢。平常日子，嬤芼灣週間上班、週末巫師，晚上有時間則安排進修、整理文本，或盤點思緒，多年來這已經變成是她的生活方式。「這個東西不能跟現實生活違背，一定是連結的，這已經是生活的重心，不能是插花客串，不能當成是對生活的干擾。只要有儀式，我就以它爲主，我整個時間都是排給它，當然這也要取得家人的認同及體諒。只要我有儀式，我的孩子就排除其他社交活動，以這裡爲重，全家人都有共識。不諱言，這要很強的使命感。」

嬤苳灣的兩個徒弟，也是一有儀式，就是放下手邊工作，以儀式為重，儘管這可能會影響到她們的生計。廖新妹平日務農，露古絲靠打零工，沒有下田、沒有上工，可能就會影響收入，但她們仍是每逢儀式就暫擱工作。「她們覺得多了一個學習機會，那個實作經驗很寶貴；你也許一次只學一樣，譬如祭葉要怎麼放、方位要如何辨認……你每次從做中學，這些你就會很清楚。」

嬤苳灣相信學生從實作經驗中去體會，勝過老師一直在旁邊耳提面命。儀式結束、聚會用餐時，學生把疑問提出來和老師討論，這就是學生的反芻、學習過程。「這個東西學生會不會完全吸收、變成自己的段數，就看本身願意下多少功夫。這勝過聘請任何名師，每天苦口婆心；習巫本來就要實作經驗，如果儀式零分，上不了陣，那也沒用。」

紮實的實作經驗背後，是習巫者堅定的毅力與行動力。「這些年有不少人在討論文化復振；在部落或是我任職服務的地方，也都有人想學巫，其實我都不急著去聽對方的經文念得如何，或儀式會不會應用，我只要看一件事：她的行動力夠不夠？我就知道她可以承接多少。」

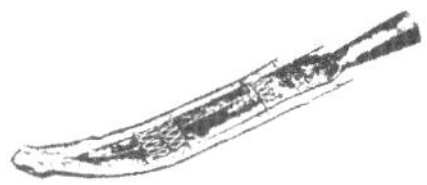

11 包家的巫術傳奇

根據耆老的口述，前來談條件的卑南王特使，要求包家提供信物以示誠意；包家先祖提供了頭目祖傳的重要祭儀信物——銅鈴，由對方帶回。未料，這銅鈴被帶到卑南後，自己會發出聲響，而且分貝愈來愈大聲，縱使嘗試用器物蓋住，仍然震耳欲聾，吵到人們無法入睡。對方無輒，只好把銅鈴送回。說也奇怪，銅鈴一被帶回土坂部落後，就安靜了，眾人稱奇。

當全台各地的原民部落受現代化侵蝕，文化瀕臨失傳之際，南迴線東排灣的土坂部落，面對變動的環境，像一艘亂世裡的扁舟，始終堅守薪傳的火炬，不願祖先傳下來的祭儀火苗熄滅。這其間，包家三姊弟不卑不亢的堅持，扮演了關鍵的守護角色。

包家大頭目道婉在位逾六十五年，是土坂部落至今能完整保有傳統祭儀的靈魂人物。因父母早逝，道婉十四歲承繼頭目，同時鼓勵妹妹包樂思學巫，包樂思後來成為東排灣巫術精湛的首席女巫，弟弟包進登則是祭司❶。三姊弟合作無間逾一甲子，盡心盡力地守護祭儀文化，為土坂寫下傳奇的史歌篇章。

頭目家族的牽繫與口述歷史

在嬤苼灣的成長經驗裡，她從小看著外婆、姨婆和舅公，知其責任與分際，日出日落，在文化傳承背後的承擔與實作。

包家三姊弟出生於日治時期，共同走過殖民政府、國民政府，以及政權改朝換代對祭儀文化的各種禁制，但他們仍堅持把許多部落早已失傳與停辦的五年祭繼續辦下去。「幾位 vuvu 從年少到離世，超過一甲子的努力與付出，從不對外邀功，也不倚勢欺人，就是默默地做，他們覺得這是職責所在。」

三姊弟的堅守自持，也影響後輩，成為潛移默化的家傳身教。其中，嬤毛灣和姨婆的連結，更因為巫術，而跨越了陰陽的界域❷。

「姨婆是頭目的妹妹，也是頭目的小孩，她承接首席女巫，靈力很自然會浥注到她那裡；就像我現在做任何儀式，我也可以感應到姨婆挹注靈力給我。姨婆很常出現在我夢裡，我多次夢到她把我抱在腿上，教我怎麼做儀式，甚至我們一起吟唱祭歌；這就是老人家說的，從靈間界給你靈力。」

姨婆包樂思雖然嫁到董家，但是首席女巫的角色讓她心掛娘家。她生了四男一女，他們和嬤毛灣的母親旮萊妶是同輩的表姊弟妹，彼此關係緊密，情如手足。董家兄妹對表姊旮萊妶非常護持，嬤毛灣也和董家表舅們感情深厚，二表舅董豐山更是嬤毛灣經常請益的

❶祭司為世襲，主要職責為參與部落性大祭，如五年祭中的召請祖靈及其他意外死亡的部落大事件。沒有巫力，其他祭儀並不參與。包家現任祭司為嬤毛灣的表舅邱新成（舅公包進登的兒子）。

❷詳見第九章〈姨婆入夢協助解決陳年懸案〉。

對象。

年逾七十的董豐山是部落裡的耆老，他年輕時就常跟在母親包樂思身邊，熟稔所有儀式流程；他同時也是村裡的總幹事，熟知部落大小事。「村幹事就像土地公，舅舅對部落歷史及祭儀，不僅瞭若指掌，而且長年有作記錄的習慣。」這點不得不歸功於上一輩的識見，當年姨婆包樂思深憂這些口述歷史失傳，要兒子鉅細靡遺地將各種事蹟記錄下來。在老輩日漸凋零之後，董豐山現在是村裡珍貴的活字典。

「舅舅現在的責任就是我了，我只要一回部落，他就知道我要去找他，他都會在家等我，他變成是我的老師。我知道我承傳及受惠於來自 vuvu 的這些東西，所以我對董家長輩有很深的感情。」耆老董豐山對整個部落的來龍去脈，整個家族歷史的古往今來，都可以如數家珍。

嬟乇灣回憶起，她的母親還在時，表舅董豐山那時常來家裡看表姊旮萊妶，兩家走動頻繁。當年嬟乇灣在達仁、大武一帶服務，常回娘家，「舅舅只要看到我車停在家門前，他就知道一定有酒喝、有飯菜吃，舅舅就會跟我撒嬌說他要喝什麼酒，我說這沒問題啊！

他只要一喝酒，興致一來，就開始講故事給我聽……。」

神祕巫術對部落的守護

根據部落耆老董豐山的口述，包家歷代頭目皆遵守聯姻制度，除了極少數的例外，絕大多數都是選擇門當戶對的頭目家族聯姻，因此家族勢力龐大，傳統的祭儀文化也一直保存得很完整。

日治時期，日本人實施理蕃政策，對原民部落的傳統祭儀有很多禁制。不過據說當時南迴線有三個頭目，日本人頗爲禮待，不太敢動這幾個家族，土坂部落的包頭目家族是其中之一。

有一說是因包家遠近馳名的巫術，令日人敬畏三分，擔心當時的大頭目古樂樂（道婉的父親）會動員其他頭目親族聯合對抗。特別是在初期，日人採取綏撫政策，用安撫、討好方式拉攏原住民。日人當時頗禮遇古樂樂，「其他人睡覺還是蓋皮草時，日本人已經給我的曾祖父棉被、洋菸了，日本人一直跟他示好。」

包家名聞遐邇的巫術，是連平亂有功而受清廷策封的「卑南王」都不得不客氣三分的。氏族裡流傳著這樣的巫術傳說：卑南族的傳奇英雄人物比那賴，在被清廷賜封爲「卑南王」後，因勢力強大，讓後山七十二社的人都不得不臣服。由於當局以蕃制蕃，包家頭目先祖自知不敵卑南王體系的勢力，願意向卑南王輸誠，以保護部落族人的性命財產。

根據耆老的口述，前來談條件的卑南王特使，當時要求包家提供信物以示誠意；包家先祖提供了頭目祖傳的重要祭儀信物——銅鈴，由對方帶回。未料，這銅鈴被帶到卑南後，自己會發出聲響，而且分貝愈來愈大聲，縱使嘗試用器物蓋住，仍然震耳欲聾，吵到人們無法入睡。對方無輒，只好把銅鈴送回。說也奇怪，銅鈴一被帶回土坂部落後，就安靜了，眾人稱奇。

特使不信邪，要求再換個信物。這次包家先祖給了一個貴重的祖傳琉璃珠項鍊，爲示慎重，還用了一個盒子裝。項鍊帶回卑南後，盒子一打開，那串琉璃珠居然變成了一條蛇；對方大驚失色，趕緊把盒子送回。結果一送回土坂包家，盒子打開，項鍊完好如初，毫無異狀。

這樣數度來回後，卑南王意識到「這家不能動！」，決定放棄收服的企圖，對土坂採尊重不干涉的態度；土坂部落也得以數世代保全其文化，是極少數未受到卑南王體系統治的東排灣群。嬤芼灣表示，其實她的族語名字Mamauwan，部落裡沒有第二個人有；在排灣族語裡，此名字是和親到卑南族的意思。她笑著說：「我後來也就眞的嫁給卑南族人（嬤芼灣的先生來自卑南族）。」

信仰環境的質變

外來政權的更迭，沒有讓土坂部落失去自己的祭儀文化，倒是西方宗教進入，嬤芼灣的外婆道婉紮紮實實地經歷了這股外來力量對部落傳統的衝擊。

信仰秩序的打破，是逐步、緩進的；相當程度上，也反映了原住民社會在面對各種外在變遷中的「弱勢」地位。一九二一年出生的道婉，一一見證了政權交替對部落文化及宗教社會的各種衝擊力道。

一九二〇、三〇年代，日本人推動同化政策。爲加強撫蕃治理，避免原住民勢力集結，開始強制原住民移居及遷村，並禁止傳統祭儀舉辦；但即使在這樣險惡的大環境下，土坂部落的五年祭仍得以延續。有一個看法是：大頭目道婉年輕時與日本警察官吏的那段情緣，是土坂部落在文化祭儀上未受到禁限的原因之一。

不過，日治政府強勢的殖民統治，鬆動了部落原有的宗教基礎；戰後百廢待舉，更加劇部落傳統崩解的速度。特別是光復初期，國民政府財政困窘，加上時局動盪，對原住民的照顧有限；西方宗教此時進入部落，適巧補足了這個斷層。傳教士帶來的醫療技術與物資供應，改善了原民部落的生活環境，也協助部落適應現代化的各種問題，逐漸得到許多部落族人的接納與認同。

各種內、外在因素交雜下，光復後一、二十年的光景內，原民部落集體改宗基督教或天主教的現象漸趨普遍。這股西方宗教的風潮也吹到了偏遠的土坂部落，這對於大頭目道婉的衝擊程度，自是不可言喻。

外來宗教與文化傳統的碰撞

當時天主教白冷外方傳教會是第一個進入土坂部落的西方宗教。白冷會的艾格理神父當時深深被排灣文化吸引，不僅學排灣族語，也用排灣族語編寫《聖經》及聖歌，並致力於記錄排灣族的生活圖像。土坂天主堂的主祭台及樑柱，以排灣族百步蛇的傳統圖騰作爲意象，教堂內的三位一體木雕及十字架上的耶穌像，都深具排灣族風格；這也是西方宗教成功結合部落文化的本土化印記。

白冷會神父對排灣族傳統慣習的尊重，爲天主教會在部落的在地化紮根提供了發展空間。相較於其他教會，天主教友的人數最多，有數百人之多。其他陸續進入部落的教會，尙有基督教循理會、眞耶穌教會、基督長老教會、中央教會等。各教會的聚會所，也皆是部落裡重要的社區據點。

相較而言，土坂部落在西方宗教與傳統文化的拉鋸，不若其他排灣族部落尖銳，但不同教派間對於原民傳統與《聖經》教義的詮釋與理解，還是存在不同看法。有的教會可以將宗教信仰與文化傳統分開，認爲宗教歸宗教，文化歸文化，讓族人不致有必須二擇一的爲難，甚至認爲文化傳統可以活化對神的敬拜與禮讚，兩者沒有衝突；有的教會則是涇渭分明，認爲既已信仰眞神，就應與過去「陋習」切割。

教會的立場影響著信徒對於傳統慣習的態度，甚至不免觸動西方宗教與族群自覺之間的矛盾情結；這樣的對撞，終於在有一年的五年祭中爆發。

嬤毛灣提到，當時外婆道婉還是部落裡的大頭目，那一年的五年祭，恰巧一位傳道者是嚴格的禁制派，他限制族人參加部落引以爲傲的五年祭祭典。「爲了此事，跟外婆大吵，雙方吵得不可開交，互不妥協；最後是由外國神父居中協調，那位傳道者被調走，才平息了那次風波。」

不過有時這樣的張力，也來自頭目家族內部。面對族人紛紛改宗，就連姨婆也感到灰心。耆老董豐山提到，他的母親包樂思就數度對她的姊姊說：「放棄吧，只有我們在做祭儀，其他族人都轉信天主教了。」但道婉總是不爲所動，堅持把祭儀辦下去：「就算只有我們姊妹倆，我們也要繼續做下去！」

數度的文化衝撞後，在部落有識之士的奔走下，大家逐漸凝聚出共識：彼此諒解，相互尊重，以部落的共榮，作爲彼此共好的努力方向。這事件反映出環境變化的不由人，也看得出道婉頭目對傳統祭儀在適應現代情境上的努力與調適。「外婆對其他宗教，是尊重與包容的，也願意促成宗教間的對話。」時至今日，土坂各教會對部落事務都有不同程度的參與。譬如天主教會積極參與文化祭儀，如小米收穫祭、五年祭持竿等；循理會設立老人日托關懷站及兒童陪讀班等。這些參與不僅與部落生活更爲共融，也讓教會更加在地化。

外婆和姨婆的角色默契

從日治政府、國民政府、到西方宗教，大頭目道婉經歷了一波波時代變遷的浪潮，造就了她的堅持與執著；若沒有這樣的霸氣，可能也挺不過重重外來壓力的勢頭。「外婆只要站起來一講話，沒人敢哼聲，就是大頭目的氣勢。她的口才好、音色佳、聲音嘹亮，一執行儀式，可以蓋過全場。」

說到儀式，超過半個世紀，大頭目道婉的身邊，一定有她倚重的妹妹包樂思；部落的儀式現場，定會看到姊妹倆的身影。頭目與首席女巫，各司其職，姊妹間的默契，不須言語。

嬤乇灣提到，雖然外婆作爲頭目，有其一言九鼎的霸氣，但姨婆身爲首席女巫，也有其帶領巫師群的氣勢。兩姊妹相互映襯，各司其位，從不起爭執。「姨婆那個位階，她人還沒到，其他巫師不敢亂來，她到了才算數。她雖然很有權威，但是她絕對不會去超越她的大姐，她永遠就是坐在旁邊，輔佐頭目，很會拿捏分寸。部落只要有歲時祭儀或碰到任何事，姨婆知其本份，自動就會去照顧那一塊，不用等頭目告知。」

嬤乇灣認爲，外婆和姨婆都是概括承受所有儀式的成敗與好壞。「如果眞正理解她們肩上的責任，就不會有逾越本份的行爲。她們兩個的角色，眞的是配好的。」

對嬤乇灣而言，外婆和姨婆的角色關係，就像一面鏡子，映襯出她自己和表姊啾谷的互動模式。談到儀式，兩個表姊妹也是一抹眼神、一個動作，就知道彼此要做什麼；沒有預排，也不須重來，默契好到渾然天成。

不僅如此，就像姨婆有一位不多言、但始終在旁忠實協助的老公❸一樣；嬤乇灣和啾谷，也都各自有默默支持、守護的另一半。「媽媽說，你做巫師，你的先生就是老天幫你挑的。

「冥冥中，祖先都有安排。」她說。

❸姨婆的老公董文生（享年九十二歲），是包家的家臣——男覡，多年來在部落祭儀事務上，襄助其妻，婦唱夫隨。男覡不似女巫須經過神靈揀選等嚴格的養成條件，男覡不具巫力，其揀選多是經由問卜決定，主要在協助女巫做祭儀，沒有冗長的經語唱誦。

12 母親最後的日子

旮萊姟生前常說，自己一輩子辛苦，年輕時沒有父親，結婚後先生早走，之後她身體也不好，她希望後輩子孫以後不要取名「旮萊姟」，認爲這個名字不是享福的命。

嬤芼灣的外婆道婉，是土坂部落的聯合大頭目，超過一甲子的時間，部落大小事都是唯外婆馬首是瞻，所有光環都聚焦在外婆身上。這麼一位強人頭目離開以後，大家不禁擔心大頭目的長女旮萊姟，性格如此柔順，能否扛得起來？

嬤芼灣不諱言，外婆就像是太陽，光芒很強。「確實有強人在時，大家很自然就會倚靠強人；媽媽一直都是外婆身旁的幫手，所有的榮耀都是在外婆身上。外婆一走，我們也都傻住，媽媽到底能不能接下頭目的擔子？因爲媽媽太溫柔了。」

不過事實證明，旮萊妶的內斂含蓄風格，或許更貼近時代變遷的脈動。

旮萊妶在母親道婉過世後，於二〇〇二年接下頭目的重擔。此時她面對的是一個迴異於上一代的部落環境：宗教開放、部落現代化、人口外移。部落在經歷不同知識系統與生存邏輯的變動，族人看待頭目的角色也與以往不同，甚至頭目家族本身也在調適這樣的結構變化。

溫柔卻堅定的頭目

嬚芼灣坦言，現代部落的權力核心已經轉變，不再以頭目爲中心；頭目若是太強勢，不會讓族人有共鳴。「雖然碰到儀式祭典的時候，這個社會階序還是存在，但這個制度也連結到傳統信仰，很多族人已信仰西方宗教，頭目的角色式微了。部落的變遷太大，若要鞏固這個階序制度，頭目的身段必須柔軟，要能跟著部落、傾聽部落聲音，也要改變自己的心態及做法，我覺得媽媽頗能拿捏這個部分。」

旮萊妶溫柔卻堅定的行事風格，確實能攏聚部落族人的心。不過她雖然順應現代部落的想法，不逆勢而行，但對傳統的守護也有她的堅持，其間凸顯的是她對文化脈絡通透了解的底氣。

嬷毛灣提到，母親和外婆不一樣的頭目風格，可以從她如何處理部落對於傳統的一些異音看出來。譬如外婆對於來挑戰的聲音，會很斬釘截鐵地一句「不行」就打回槍；母親旮萊妶則會坐在那裡很耐性地聽對方講，對方會提出各種理由，希望旮萊妶就此妥協，旮萊妶不會打斷對方，但會堅守保持傳統原味的底線，最後才會溫柔地拒絕對方。如果對方不放棄，要繼續說服，「這時媽媽就會跟對方講歷史緣由，把不行的理由列出來，讓對方知難而退。」

嬷毛灣認爲，現今宗教環境自由開放，重視個人意志與想法，要承續傳統祭儀，主事者本身除了要持續實作外，也必須熟稔祭儀文化。她提到自己的母親，在這方面根柢很紮實，「其實家裡的人都是頭目及巫師兩套系統都學，媽媽從小耳濡目染，只是礙於身分角色，沒有立巫，但她也熟悉巫師的相關實作。」譬如師父祖祖蔓二〇一六年過世後，嬷芼灣升任爲首席女巫，時任頭目的母親旮萊妶雖是在遲暮之年，但每逢嬷芼灣做很長儀式時，旮萊妶都還是到場，靜靜聆聽。當嬷芼灣一有頓挫，母親就會在旁提點，還有哪一段沒講。「你看媽媽多厲害，我先生在旁邊觀看我們母女的互動，他就說，『哦，厲害的才是媽媽，你念那麼長，你漏掉哪裡，她都知道！』」

爲保存傳統祭儀辛苦奔走

旮萊妶外柔內剛，溫婉的外表下，其實有其堅毅之處。結縭二十三年的丈夫英年早逝，她靠著農作及擔任廚工，養大七個孩子，未再改嫁；接下頭目的重責後，儘管部落的傳統階序衰微，資源有限，但面對祭典的舉行，任何儀式和供品，旮萊妶仍堅持遵循傳統，缺一不可。

在傳統納貢習俗的支持系統逐漸式微後，旮萊妶仍善盡傳統頭目照顧族人之責，七月份的小米收穫季，需要大量的小米酒、阿粨、豬肉等貢品分享族親，在沒有足夠物力資源下，她依然堅持下去，自己奔走、想辦法。對維繫傳統文化，她用實際行動力行。

㚒萊妶在頭目任內，共主持過四次部落的五年祭。薪傳的責任，她念茲在茲，不僅帶領部落三大頭目家族執行祭儀，甚至在過世前一年，拄著枴仗，仍堅持抱病主持五年祭。不管是召告祖先，還是刺球場的刺球儀式，即使生病，她一樣上場坐鎮主持，完全鞠躬盡瘁，燃燒自己。

當巫師面對親人的善終

二〇一九年初，㚒萊妶開始有長達半年時間，因心臟衰竭，頻繁進出醫院。但即使纏綿病榻，她仍然意志力堅強，寧可忍痛被插管兩次，還是掛心長子接頭目這事。看到母親這麼辛苦強撐著，嬚毛灣為了讓母親能夠放心，經常在這段時期到祖靈屋，向祖先秉報祈求：「給我指引，給我力量，讓我知道怎麼做，不要讓媽媽這麼辛苦，也不要讓後代子孫如此徬徨！」在深感無助與全然交託下，嬚毛灣跟祖先立下誓言：會無縫接軌，會承接祭儀文化，直到終老。

㚒萊妶在最後的日子，非常信任及倚賴女兒嬚毛灣；為了安穩母親的心，嬚毛灣幫母親求了一個護身符。她告訴母親：「這個護身符裡面，有你的母親、vuvu在保護你，外面的這些紛擾不會干擾你。」護身符後來就成爲旮萊姟片刻不離身的貼身之物，哪怕是做心電圖不方便，她也一定要這個護身符，幫助安定她的心。

陪病的過程中，嬷笔灣也注意到頭目因爲是負重致遠的特殊角色，一生病就出現很多異象。她提到，母親旮萊姟意識恍惚時，不僅部落很多已逝的族人會來找她，連即將往生的人也來找她；因此之故，嬷笔灣認爲照顧者的氣場要很強。「有一次媽媽住院一個禮拜，她一定要我顧她，當所有兄弟姊妹離開後，我晚上留在醫院看顧，然後媽媽晚上就開始了，她講出來的每一個（在外走動的）造訪者，不是已往生的，就是即將離開的族人，一直到凌晨四點，不讓我睡覺。後來我想不對吔，媽媽怎麼會這樣，之後我不讓媽媽住單人房，改到三人房，人氣旺一點；第二天我就叫兒子跟我待在醫院，人氣重一些。其實如果部落裡有族人走，我和媽媽的感應是一起的，她知道有人要走，我也知道有人要走。」

嬷笔灣坦言，其實巫師面對善終的生命課題，是不做任何儀式了。若生命時辰到了，巫師不會做介入或干預性的儀式，那時巫師的角色就是協助指引，讓這個靈魂一路好走。

「這個在我們的說法，當人面對死亡時，巫師如果強做儀式，若在儀式過程中，這個人斷氣，等於是把巫師整個法力給帶走，你會沒有靈力。其實這時就是放下了，祈求造物主、創始神靈，指引這個靈魂到好的居所安居。」

母親最後的掛念

在嬷芼灣為母親求了護身符後，旮萊姟的心慢慢安定下來，比較沉澱，也漸漸接受自己愈來愈衰弱的現實。「不過媽媽還是在撐，不願意離開，好幾次我問她『願不願意回家？』她都回『不要』，她認為自己會好。」為了讓母親能接受自己生命逐漸到站，嬷芼灣伴著母親走過那段心境轉折的歷程，包括用緩和解說的引導方式，慢慢讓母親了解自己的病程，並同意不再插管，只做安寧緩和醫療。

在旮萊姟簽「放棄急救同意書」時，她看著自己的簽名，羞赧地跟女兒說：「我的字好醜」，女兒回以：「不會啊，很美，我都看得懂你寫的名字。」嬷芼灣每天錄下和母親互動的點滴，甚至播放給母親看，「你看，你的氣色好多了，繼續加油！」母親看著自己的影像，莞爾微笑。

旮萊姟要離開的那天晚上，嬟芼灣在醫院，發現母親的狀態有異，呼吸變得急促，她握住母親的手，感受到母親心裡的擔憂，她跟母親說：「我們不要這麼辛苦了，我們『回家』。」母親虛弱地回應：「好，我要『回家』。」嬟芼灣在母親臨終的病床前，向母親許下承諾：「這個 palisi（傳統祭儀）我會認眞到老；頭目的事，我會協助大哥，我會把包家扛起來。」此時，旮萊姟很認眞地呼吸，她要嬟芼灣幫她拿掉氧氣罩，她想講話，她握住嬟芼灣的手，整個人要坐起來講話，但已聽不清她要表達什麼。

「談到大哥的部分，媽媽有很大的反應；我的部分，她就是點點頭。」嬟芼灣繼續跟母親允諾：「媽媽，我會幫您幫到底，我會撐起來！」這時候，旮萊姟吐出很長一口氣，生命氣息愈來愈微弱。

之後嬟芼灣短暫離開，接到電話再趕回醫院時，旮萊姟已經在彌留狀態。嬟芼灣不捨地抱著母親痛哭，但她終究慢慢平靜下來，想起對母親的承諾，她啜泣地對母親說：「好，媽媽，我不哭了，我要帶您回家，我要處理事情，我不能哭，您給我力量！」

就這樣，嬟毛灣依著允諾，帶母親上路「回家」。

旮萊妶生前常說，自己一輩子辛苦，年輕時沒有父親，結婚後先生早走，之後她身體也不好，她希望後輩子孫以後不要取名「旮萊妶」，認爲這個名字不是享福的命。

二〇一九年五月十二日，達仁鄉土坂部落大頭目旮萊妶辭世，享壽七十八歲。

第一位打破殯葬傳統的頭目

旮萊妶是部落裡數百年來第一個以火葬形式殮葬的頭目，她的逝去，不僅是一個世代的結束，也反映了部落在傳統殯葬觀念的轉變。

排灣族傳統上習慣土葬，相信入土爲安。日治時代之前，傳統排灣族採室內屈肢葬（屈肢蹲坐象徵往生親人重回母親的子宮），因爲捨不得往生親人葬於戶外日曬雨淋，所以將善終的親人埋葬於溫暖家屋內。族人相信自然死去的親人會成爲善靈，守護自己的家；此喪葬習俗深受其祖靈信仰影響，反映出原住民與親人之間緊密的連結。不過室內葬在日治時代，以不潔和野蠻爲由被禁限，逐漸改爲室外土葬。

如今要讓族人改變傳統禮俗，捨棄土葬改火葬，也是不容易的過程。但和其他原鄉部落一樣，土坂部落這些年也面臨滿葬嚴重飽和的問題，逐漸被禁止土葬。

達仁鄉公所也在這些年推動殯葬設施改善作業，希望推動公墓公園化，改建納骨塔。不過部落對此一直有反對的聲音，而推動這項業務的時任達仁鄉公所民政課課長啾谷，剛好是嬤毛灣的表姊，也是包家的巫師。

面對部落反對改葬的聲浪，對於啾谷確實是很大的爲難，又適巧在這時候，情同自己母親的姑媽、大頭目㕣萊妶過世，包家要如何處理頭目的殯葬問題，大家都在看。

嬤毛灣表示，她願意讓母親在這方面，作一個走在傳統與現代的指標性人物，讓部落族人以後跟著這個共識與政策走。在這個過程裡，她作了不少承擔與說服，也和大哥取得共識。「其實媽媽要以何種方式殮葬，在她生前，我就數度和她討論，她剛開始對火葬是有遲疑的。」

在溝通的過程中，嬤毛灣不斷向母親告解，有時用暗示，有時做分享，「我跟媽媽說，我自己會選擇火葬，因爲乾淨、環保，也分享了很多自己先前撿骨的經驗。部落這些年一些長輩過世，包括師父祖祖蔓、及姨婆的老公九十二歲過世，都是火葬，媽媽就慢慢地比較淡定。」

看到母親態度軟化，嬤毛灣繼續鼓勵母親：「你多麼不容易，你帶頭，你這個示範很偉大，因爲你的表率，部落對這個儀式會整個改觀；我以你爲榮，可以這樣放下身段。」

嬤毛灣就這樣一直跟母親循循善誘，有時也跟母親道歉，「可能有很多東西我擅自作主，但我一定會負責到底。我每天跟媽媽精神勸說，彼此感到比較踏實，後來媽媽就願意接受火葬，但希望能和她母親的墳在一起。

「我相信媽媽有自己希望的安葬方式，但是她也能體諒當代已經變遷的環境。」頭目旮萊姟能選擇火葬，讓啾谷及其他親族都鬆一口氣，也讓族人覺得包家在處理此事上，非常大氣。

母親的招魂儀式

佛、道教喪殯習俗裡有做七，往生者的親屬在四十九日內爲亡者誦經做功德，以超度亡魂，使其往生淨土。排灣族則是以月亮作週期，在親人過世殮葬後，於一個月或一年後為往生者舉行招魂儀式，此為整個喪葬儀式的尾聲。

平日主持無數喪葬儀禮的嬤毛灣，對於母親過世的殮葬，人子的悲痛讓她無法親自主持，交由表姊啾谷負責；但一個月後的招魂儀式，這就沒有人會做了。「我們家一定會做招魂，表姊是希望由她來做這個儀式，我也希望祖靈能附在她身上，但是我心裡有數，如果屆時沒有人能做此儀式，我還是必須承接。其實我唯一的心念就是：圓滿這個儀式，把媽媽接引『回家』。」

為了全心準備這場招魂，嬤毛灣在母親火葬後一個月，不接部落裡任何儀式。不過這段期間，部落其實不安寧；在母親過世的前後，有不少族人先後過世。「我的經驗，從以前，通常部落的頭目過世，前後會帶很多人。我們的說法是：她帶傳令到冥界照顧她。確實媽媽走的時候，部落前後都不太平靜，走了不少人。」

* * *

在母親的招魂儀式中，嬤毛灣為剛繼任為頭目的大哥包嘉鴻祈福。（張菁芳攝）

母親招魂儀式那天，由於是頭目的招魂，包家祖靈屋內外坐滿了人，出席者皆是包頭目家的至親。儀式中，嬤乇灣唱起了帶著滄涼幽思、通往祖靈的祭歌；果如預期，祖靈是附在嬤乇灣身上。被附身的嬤乇灣數度邊說邊哭，一旁的表姊啾谷則拿著毛巾為嬤乇灣拭去臉上的淚水。現場的氛圍，安靜到連掉一根針都聽得到。在場親族不時低頭啜泣或靜靜拭淚；祖靈開示的話語帶有幽默時，也會聽到親族會心的笑聲。隨著祖靈開示的內容，現場親族的心情有著各種高低起伏。這場招魂儀式共有十二位祖靈現身，整個儀式歷時近三小時。在冥陽交會的儀式中，不僅親族的心被凝聚，也是一場家族療癒的深刻聚會。

嬤乇灣的母親旮萊姟，在招魂儀式中，是最後一位現身的祖靈。嬤乇灣的先生當時全程錄影，不過他事後回看、準備存檔時，卻在一秒之內檔案全部不見。「這件事我先生一直覺得很毛，他明明有錄影！」嬤乇灣事後也嘗試跟不同的親友調閱影音資料，「但很多人錄到的都是片段；還有一個親友說，他都有錄影，唯獨我媽媽那個部分，就是消失不見了！」

與母親的永恆連結

母親的儀式全部完成後，嬚乇灣思念母親的悲傷開始襲捲而來。但是想起對母親的承諾、對族人的責任，她沒有讓自己沉溺在母喪中太久。「我知道部落族人很需要我，我不能一直處在母喪的哀痛中，自己要堅強起來。我不單單只是女兒的身分，還有身爲巫師要照顧部落的責任。」

嬚乇灣從一場又一場的儀式中，去感覺母親的存在；就像從前一樣，母親㐫萊姟無論身體再怎麼不適，也一定會出席嬚乇灣的所有儀式，在旁默默地給女兒精神支持。透過儀式的傳承與對祖靈的承諾，母女間一直有特殊的感應與連結。「常常白天執行儀式時，我忘記媽媽走了，就是覺得她在我身邊，她人是在的；但夜闌人靜時，母女身分的那份情感又連結起來，就會很不捨媽媽走了。突然她讓我非常想念她時，我知道那也就是她想念我的時候，我們母女之間的感應很強；她很清楚我的苦，及肩上的責任與壓力。」

㐫萊姟確實一直是嬚乇灣習巫路上最大的護持者。來自傳承的力量，加上親身經歷從傳統到現代的所有轉折，㐫萊姟始終用她獨特的方式在引導女兒。「以前媽媽在的時候，我的那些夢境，還有我突破自己、完成儀式的時候，媽媽一直是我最好的傾吐與解壓者。她最能看到我脆弱的一面，以及我情感最赤裸、最不保留之處；媽媽知道我的擔憂、我的害怕、我的不足，以及我的信心。」

母親離開後，嬤芼灣變成要自己內化及承載很多東西；每每這種時候，她總是特別想念母親的存在，「真的跨不出去時，也只能自己調適，從靈間尋求力量與慰藉。」

或許是母女間的感應，母親過世半年後，有一天晚上，接近午夜時分，嬤芼灣突然接到學生露古絲的電話；露古絲向來體質敏感，很容易被附身。

電話中，露古絲一直哭，嬤芼灣問：「你怎麼了？那麼晚了？」

對方哭著喊：「Ranyi，Ranyi！」❶

「那個聲音一起來，我就知道那是我媽媽的聲音，那個哭聲，我整個人很鎮定地聽！」

❶露谷絲平時如此稱呼嬤芼灣，意思是女性朋友。

她很心疼地說：「你這個孩子好辛苦，好辛苦！」

我跟她說：「媽，不會啦，我會穩住啦，你不要難過，不用擔心！」

對方講完，斷線了。

「隔天我問我徒弟是怎麼回事？露古絲說，『我也不曉得，昨晚整個人覺得怪怪的，很毛，然後就開始哭。』」

母親遷墳的過程歷經了些波折，嬤芼灣其實知道母親的掛慮，她知道孝順的母親一直希望身後能和外婆的墳葬在一起。

「墳一弄好，我就夢到媽媽；屋頂一蓋好，她就已經進去了。她就是想跟她的媽媽在一起！

「那天，在前庭廣場，那個她常坐的椅子，我看到媽媽跟我們一起用餐。」

13 招魂儀式是眞的嗎

「巫師的自我修練，這是對祖先的敬畏敬重，祂們留給我們這樣的資產，我們後人應當珍惜、運用，這是很神聖的儀式，如果沒有很敬重的態度去面對，沒有把自己的狀態準備好，甚至用自身的私心雜念去操弄一切的話，這是沒有尊重自己的角色，及儀式背後的嚴肅性。」

巫師群於夏天舉行完一系列歲時祭儀後，原是巫師們喘口氣、休養生息的時間，嬷毛灣卻有接不完的儀式，甚至隔壁村也來請託，在在凸顯一個現象：現在眞正能做招魂儀式的巫師，幾乎屈指可數。

達仁鄉公所當初為挽救瀕臨失傳的巫文化開辦的女巫培訓班，成功地立了一些巫師。

這些和嬤毛灣前後期一起學巫、立巫的巫師們，後續仍有實作嗎？若成巫後，未能在實作上精進，最後會如何？

未完成的招魂儀式

排灣族的喪殯文化裡，招魂儀式是往生親人殮葬約一個月後舉行的儀式，是整個喪儀的尾聲（也有因特殊原因，去世一年後才舉行）。招魂儀式較一般性喪儀更為隆重，需以豬隻作為牲禮，儀式費用也較高；不過更關鍵的是，目前原民部落裡，因傳統信仰式微，有能力做此招魂儀式的巫師，已經所剩無幾。

二〇一九年秋天，土坂村鄰近部落的頭目過世，因是頭目身分，家族決定為其進行儀典隆重的儀式；儀式由該部落的首席女巫A君主持。不過火化結束，還有後續接迎骨灰及安奉入塔的儀式待進行時，家屬卻不見巫師人影。原來第一階段的喪儀結束後，巫師因醉酒微醺已先行離去。此事讓該家族深感未被尊重，認為巫師A君輕負了家族的託負，也因未能替父親完成儀式而感到自責與不安。

由於一直掛念父親身後是否順利到達祖靈之地❶，加上家族成員出現異常夢境，在商討過後，就在頭目過世即將屆滿一年之際，該家族跨村來找嬷笔彎，表達欲完成先前未竟的儀式。因是跨村，且該部落有自己的巫師，嬷笔彎考慮到巫師倫理規範，認爲儀式該由當時起頭的部落巫師A君完成，建議家屬先詢問A君。

頭目家族一行人去找A君時，A君卻對家族成員說「這種招魂儀式不是眞的，可以不用做」，否定執行招魂的必要性，建議作一般的常態性儀式即可。家屬不滿意此回覆，堅持做招魂；雙方來來回回數趟，溝通此事。「眞或假，我們自己承擔，我們決定做招魂儀式！」A君明言，她不做這儀式；頭目家族表示，既然如此，他們將請嬷笔彎跨村來執行。A君同意。

❶原住民對作為部落屏障的高山有特別的感情，將山視為心靈的故鄉。每個原住民族皆有其崇敬的聖山，如排灣族的大武山、魯凱族的北大武山、卑南族的都蘭山、布農族的玉山、阿美族的奇拉雅山和都蘭山、達悟族的紅頭山等。連綿、巍峨的山峰，自古便是山下子民敬畏的對象；聖山之於原住民，是誕生、發祥地，也是祖靈安息之所。

無法承接困難儀式的巫師

A君身為巫師，卻質疑招魂儀式的功能，無疑是削弱了巫師角色。部落耆老董豐山，因母親包樂思曾是土坂部落巫術精湛的巫師，從小看著母親執行儀式，他深諳巫師這條路的辛苦；他也聽過類似質疑巫術及招魂儀式的聲音。他認為，不懂巫的人有懷疑之音尚可理解，但此話若出自巫師口中，不僅是自打嘴巴，不尊重巫這傳承，也反映巫師個人沒有執行艱難儀式的能力，未在巫術上精進，才會傳出這種貶抑（招魂）儀式的聲音。

其實耆老的話語，點出一個赤裸的現實：在成巫、立巫後，巫師若沒下功夫，沒有紮實的實作功底，巫術有可能就停滯在念基礎經文、遞葉子的形式，要做困難儀式時，無法承接，甚至否定自己的巫傳承。

不過圈子其實很小，巫師會不會儀式，明眼人一看就知虛實。有一次嬤苍灣到屏東南和部落，專程去聆聽當地對五年祭的分享。她一到那裡，部落裡的老巫看到她，就跟她說：「我等一下有儀式，你跟我一起去。」這位七十幾歲的老巫師，很願意指導後輩；就這樣，分別來自中排灣及東排灣❷、橫跨不同世代的兩位巫師，連袂一起執行儀式，也給了嬤毛灣寶貴的交流經驗。「兩邊的方式會有些不同，儀式的過程，她們用的是桑葉，我們用的是杜虹葉，擺法也不同，可能和方位有關；但是儀式經語的用法，可以聽出那個深奧度及順序。我們都認可彼此的巫術；那位 vuvu 就說，『不管是你們那邊或我們這邊，我們的巫神都一樣，我們皆是人間媒介。』」

不同部落間，也不時會相互觀摩。譬如保留了許多古老習俗及傳統祭典的屏東縣來義鄉，當地古樓部落最資深、厲害的老巫，在一次儀式中來到達仁鄉土坂部落。老巫一到，就安靜地坐在包家祖靈屋一隅觀看嬤毛灣執行儀式；嬤毛灣當時正念著一長串經文在召請神靈。老巫聽完後，讚許地說：「哦，這個很會了！」

在祖先的年代，老一輩學巫，主要是仰賴口述傳說。嬤毛灣的學巫歷程，除了有老巫的傳承外，則又加上學術研究的底子。不過儘管不同世代間，學巫的過程容有不同，但經

❷ 排灣族以大武山山脈為中心，成輻射狀散居在高雄、屏東及台東縣境內。根據居住區域和文化表現的異同，排灣族可以再細分成北排灣、中排灣、南排灣和東排灣。

文如何揀選及運用，卻是紮紮實實反映出巫師的功底：是否足夠了解經文中的神靈觀及空間觀，甚至能融會貫通。

嬚毛瀞認爲，其實沒有人會誇口自己的巫力，但巫師的法力是否紮實專業、如何運用經語、其間的順序及空間方位，其實都還是有一定的判準，也可以依此看出巫師的功力等級。「但我們很少去跟人家打分數，自己瞭然於心就好，畢竟巫師這條路很辛苦，還是要尊重；也很欣慰有人願意走這條路。我也知道你愈認眞，會愈謙卑、敬畏，因爲你面對的是神靈，不能隨便開玩笑，也不能信口雌黃。你在請神，這是很嚴肅的事，整個人的狀態會變；然後退駕之後，你的樣子又出來。」

神靈打屁股很痛

嬚毛瀞一直記得她學巫時，母親旮萊妶經常告訴她：「作了巫師，要懂得謙卑，要懂倫理規範，不可以亂講話，不可以亂做儀式，不可以誆騙，不可以像『神棍』一樣，自律要嚴謹，不可以有私心雜念，更不可以拿巫術來消費。」

時至今日，嬤毛灣認爲，這些女巫戒律，其實是對巫師最大的保護，讓自己不致走偏路。

「巫師的自我修練，這是對祖先的敬畏敬重，祂們留給我們這樣的資產，後人應當珍惜、運用，這是很神聖的儀式，如果沒有用敬重的態度去面對，沒有準備好自己的狀態，甚至用自身的私心雜念去操弄一切的話，這是沒有尊重自己的角色，及儀式背後的嚴肅性。」

她提到，以前母親旮萊妶常說：「『你要知道，神靈打屁股，很痛的！』這話涵義很深，她點到爲止，但你一聽，就知道不能戲言。」

沒做好的儀式還可以補救嗎

前述的頭目家族，後來兩度跨村來找嬤毛灣懇談，最後嬤毛灣首肯，接手先前未竟儀式的棘手情況。一答應後，馬上敲定時間，告知對方要準備的器物，進行田調訪談。「我需要了解上次的未完成儀式做到哪裡，我要收尾，然後才能請神。能不能請得到是個未知數，我不知道頭目（在冥界）到哪裡了；從頭目家人那裡蒐集資訊後，我開始思索相關的問題，要從哪邊補救……。」嬤芼彎在這段時日每天祭告，祈求神祖靈給她力量。

在儀式舉行前兩天，嬤芼彎先到頭目家做除穢，將不利的氣場全部清理，並請家人先準備頭目生前的生財工具，譬如鐮刀、鋤頭、小米、火柴盒、碗筷等。由於是頭目，東西要多一些，因為頭目在另一個世界還要繼續耕作、照顧族人；她也要家人先去她們父親生前常去的山上祭拜告知，以彌補先前沒有做的。

儀式前，嬤芼彎坦言自己的心理壓力：「我是跨區跨村，我不知道這邊的人文歷史、部落遷徙脈絡及歷代先祖，我可能請得到頭目，可是異領域的這些神祖靈會信任我嗎？這個功課不好做，要一直傾聽『訊息』什麼時候到夢裡來、是什麼樣的『訊息』……，我有我的壓力。」

隔天，嬤芼彎的徒弟、巫師廖新妹作先鋒，到該部落先負責豬隻牲禮等前置作業。儀式執行的前一晚，嬤芼彎慣性淺眠，半夜兩點已了無睡意。天未亮，她就啓程出發到該部落，先教導頭目家人如何準備器物及佈建儀式現場，並祭拜祖靈屋。

清晨七點未到，前置作業全部就緒。在等待其他人到來的當頭，頭目的女兒告訴嬤毛灣，那天在嬤毛灣做完除穢、並交待她把父親的生財用具帶到墓園給他之後，她的妹妹那天晚上就夢到父親，「父親是舒暢的，很高興地拿著鋤頭在山上耕種。」嬤毛灣聽了，神色淡定地說：「哦，那很好，頭目收到了。他在另一個世界會繼續照顧族人。」頭目女兒一聽，整個人放鬆下來。

她繼續跟嬤毛灣說，頭目念小學的小孫女，前一晚夢到「部落入口處排滿了人，整個路上都是人，他們好像要參加什麼祭典，我都不認識，都是已經死掉的人；我有看到阿公第一個在帶人……。」嬤毛灣其實也感應到了，但她語氣平靜：「哦，都來了，他們都來了。」頭目家人一聽，面面相覷，驚異地說：「哇，都來了！」

其實在嬤毛灣看似淡定無波的神色背後，她的內心是激盪、欣慰的，不過在儀式前，她必須讓自己的情緒維持在平穩狀態。就她的立場，她不會去告訴對方儀式的眞假，頭目的家人可以從自己的經驗去體會，「那個眞假不是我要去講，我也從來不會說這個東西存在與否，因為我是在『不知道』的狀態；但很多這種超自然現象，你會感覺它不是浮誇的。」

其實家人的經驗最切身，特別是在父親往生一年之後，從那種沒有幫父親把儀式做好的自責，到現在慢慢可以放下心；尤其是在知道傳遞給父親的祝福，他在另一個世界收到了，對親人是無比的寬慰。

部落裡失傳的儀式

在儀式執行前，嬤芼灣先誠懇地對頭目家族表達自己跨部落做儀式的爲難，以表對該部落各神靈及場域的尊重：「其實我不曉得能不能成功，我壓力也很大。我感謝這一家的頭目，因爲這樣的因緣，我去追溯後才知道原來大家的祖先源於本家。其實若其他人做這儀式，你們若邀我，我也會來，因爲我們都是一家人。我把今天儀式的成與不成，及所有心理的慰藉，都交給你們的祖先，看祂信不信任我。」在場者聞言，無不動容。巫師先凝聚了家族的認同，鋪陳了儀式進行前的情緒環境。

其實這時嬤芼灣已發覺自己的身心靈狀態在轉變了，內心也開始跟神靈交戰著。對於這場部落裡幾近百年沒有執行過的儀式，祖靈屋裡裡外外擠滿了人，大家都很關心也很好奇此儀式。

嬷乇灣開始了幽長的念經，召請神祖靈，她吟唱著哀思淒涼、通往神祖靈之路的專屬祭歌，這時全場慢慢地、靜靜地聆聽著，氛圍異常地安靜與哀傷。祭歌尚未唱完，嬷乇灣持著祭葉和小刀的右手開始抖動，隨之入神並與在場者開始對話，前後十二位祖靈附體，歷時逾兩小時。

嬷乇灣只記得當她「醒」過來時，看到在場每個人都哭紅了雙眼。她問身旁的巫師表姊啾谷：「發生什麼事？爲什麼會這樣？」啾谷回：「今天出現的每個祖靈，都讓人感傷到哭。」另一位觀禮者，本身是阿美族，不懂排灣族語，她事後跟嬷乇灣分享自己的現場觀察：「我不懂儀式，不過你眞的讓全場都屏氣凝神，沒人敢講話，全場鴉雀無聲，全部人的眼神都往你這邊看，你的一哭一笑，牽動所有人的情緒，那個氛圍非常凝聚，會感覺眞的有這個『東西』存在！不過我看你這個很耗元氣哦，你之後應該要休息很久齁！」

嬷乇灣的確是每每儀式一做完，就體力耗盡、頭痛欲裂，她勉強坐下來參加儀式後的餐敘。爲了這場難得一見的招魂，頭目家族動員了很多人，儀式後宴席開了滿滿十桌，都還不夠坐；頭目的女兒頗有感觸地說：「這個（招魂）儀式已經失傳，我們都沒有見過；現在的巫師也沒有人會，很感謝嬤毛灣能學到這個精髓，可以把頭目及巫師的家學淵源傳承下來。」

部落裡確實沒幾個人親眼見證過這個幾已失傳的儀式，除了一個八十四歲的老人家，她是頭目的妹妹，小時候她看過這個儀式。她在儀式中聽到那一長串經文時，激動到落淚。儀式後，她過來緊握嬤毛灣的手，忍不住地說：「你怎麼會這儀式，我好欣慰，我看到我們以前的儀式被傳下來了，你眞的會！我『走』的時候，你一定要『照顧』我。」

見過此儀式者也許不多，不過縱使不懂巫術者，還是可以感受到儀式現場的強大能量，也深感文化復振的重要性。餐會上，話題繼續圍繞在與神祖靈的對話及對傳統儀式的認同，很多人過來要敬嬤毛灣；在場的前鄉長老婆好奇地問嬤毛灣：「你認識×××嗎？」嬤毛灣搖搖頭：「都不認識！」她聽了很詫異：「你不認識祂們，你卻可以把這個家族過世的祖靈一個一個請出來?!這讓人怎麼能不信！」對方繼續滔滔不絕地念著儀式中現身的祖靈，嬤芼灣一邊答以：「啊，祂有出來哦！」一邊想著：「師父以前體力怎麼那麼好，儀式做完還可以坐下來吃飯撐到三、四點；我連舉筷都已經沒辦法，頭已痛到想趕快回家休息，修復元氣！」

招魂儀式化解上一代的恩怨

其實在部落頭目的招魂儀式舉行前一、兩個月，該部落裡碩果僅存的老巫剛過世，由於老巫和頭目家曾有過土地恩怨，兩家後來不再往來，老巫投靠另一家的頭目。老巫過世後的喪儀及四十天後的儀式，皆是由嬤芼灣主持；該儀式結束後一個月，嬤芼灣又被邀請去執行頭目的週年招魂。當嬤芼灣從頭目的招魂儀式中「醒來」時，卻意外看到老巫的女兒也在現場。後來無意間得知，原來老巫的女兒那天在客廳睡覺，夢到她的母親打她，要她起來去頭目家（當時頭目的招魂儀式正在進行），「原來老巫在招魂儀式中要出來講話，所以要她女兒來參加儀式。可能上一代的恩怨化解了。」

頭目的這場儀式，的確讓未見過招魂儀式的部落族人議論紛紛；在此之前，老巫中風多年，有十年無法執行儀式，等於部落在儀式實踐上已斷層多年，無怪乎逾八十高齡的頭目妹妹一見這久遠的儀式，情緒激動到落淚。

不過這凸顯了部落裡長久以來巫師凋零、青黃不接的問題。一起學巫的同期學員中，爲何嬚毛灣可以接得下困難儀式？其他巫師卻力有未逮？許多人將此歸諸於嬚毛灣的家傳背景：「她會這麼厲害，那是命中註定的啦！」

但嬚毛灣不完全認同這樣的看法。她認爲，背景傳承是一回事，自己還是要下功夫，「別人不知道我背後下的功夫，三分是祖靈給你的，七分是後天的努力。」

學巫功底沒有捷徑

有道是：「師父領進門，修行靠個人。」嬚毛灣回想起當年立巫之後，她和表姊啾谷另外私下付束脩，跟師父學習進階巫術。由於已習慣在固定的時間點讀書，嬚毛灣對於進階的學習更加紮實地吸收，「每次上課之前，我已經帶了很多問題要問老師。」

少有巫師念到博士班，嬚毛灣提起這段讓她重返校園的因緣：學巫的歷程，她發覺自己喜歡讀書，也發現愈懂巫文化後，愈愛上這東西。「那時我覺得口述不是唯一的傳承方式，我欠缺學理的東西，我需要學術的訓練；我想看看能不能把巫文化，很有系統地、具條理地整理出一個脈絡。」

這樣的學習動機，讓嬚芼灣決定報考台東大學南島文化研究所；之後在寫碩班論文時，爲了更詳實地論述巫的儀式實踐，她重新把當初學巫的一整年錄音，全部再聽過一遍。「我覺得這是對下一代的交待與責任，不能自己加諸憑空的想像去寫，那時花了很多時間考證，加上只要聽到老師有儀式，我就一定請假到場實作，錄音筆也隨時帶著，包括儀式實務也都是田野調查的一部分。這整個過程下來，要不進步，很難啦！」

嬚芼灣的習巫，的確是層層疊疊。從口述傳承的進階上課，到學術研究的方法，再到實務田調的演練，甚至儀式後的錄音整理，與不斷的內化反芻；如老人家所言，習巫者有心，祖靈才能挹注更多。不可諱言，嬚芼灣的家族傳承，讓她有與眾不同的使命感，這份使命感促使她更加努力；家族傳承與後天努力相互加乘，成爲今日的她。這確實讓只上基礎經語課、缺乏實作歷練的立巫者，難以望其項背。

也因此，每逢有人說嬤毛灣是「頭目小孩，這是命中註定一定會很厲害的」，她都淡淡地笑答「感謝祖靈」；不過若坐下來，認眞和她討論，她會語重心長地對有心習巫者說：「這眞的要下功夫，沒有捷徑。」

嬤毛灣認爲整個習巫過程，就是一直在磨習巫者內在的修養和接收度，「你的毅力及決心在哪裡，這個地基必須先建立，才能談到其他。」她提到，現代習巫爲了讓人們容易入門，當初用大班制的速成方式教學；但若急就章，地基沒打穩，還是無法承接儀式。她看過不少習巫者因各種因素而缺乏實作練習，可能因行動力不夠或部落已沒有儀式實踐的場域與機會，以致巫師有名而無實，停留在基礎經語的階段，接不了儀式或在儀式中開不了口，甚或對祭儀實踐的程序與所需器具的操作是陌生的，這些都讓嬤毛灣更加體認——巫這條路的不易。

自身經歷過各種學巫的歷程，嬤毛灣最後還是回到傳統、跟老師一對一的方式；她也很幸運，習巫路上，提攜的老師不只一位。除了師父祖祖蔓外，母親旮萊姟及舅舅董豐山也都對巫師的倫理規範一再耳提面命。言教之外，從小浸淫在外婆及姨婆的身教影響下，和 vuvu 們一起生活的耳濡目染，鋪陳了現代女巫的養成之路。

眞正的巫師很內斂

學巫的功課很幽微，過程中會出現很多試煉。學巫之後，每個人的接收及呈現，可能會有不同的人性面向跑出來；最好的保護是學巫者的正直，亦即老人家不斷強調的倫理規範。正直打折扣，就無法撐住巫術；功夫沒辦法紮實，就會加進很多自我的東西而弱化了巫術的精神與傳承，甚至可能誤導後進的學巫者，並造成對巫術的不同理解與分化。

嬷乇灣提及，在她看過有「道行」的巫師裡，包括她的婆婆（卑南族的巫師）、姨婆、及老師，她發現巫師有一個特質：「她們很內斂，不說長論短，也不太對巫術高談闊論。她們的氣質就是很穩重、大氣，一到現場坐陣，臨危不亂，遇事會很鎮定地處理。她們會去『傾聽』，才有辦法建構，總會想辦法解決問題；所以她們很少道人家是非，也不聽八卦，都很謹言慎行。」

這樣的角色典範，沒有顯赫的學位，但在巫師的歷程裡，她們經歷過很多內在的轉化。她們不會滔滔訴說，也不評論別人的過程，反而是看多人間事後，在面對神靈的內在歷程裡，她們自然而然地帶領修行，並反映在其人格特質上。

暑盡秋至，面對忙不完的儀式，嬤乇灣維持一貫的低調：「其實這就是傳承。這沒什麼好高調，這種東西不用誇口；最重要是人家需要時，我們幫得上忙，他們的心靈可以被慰藉。」

她清楚自己肩上的擔子：「你不要花了十年功，做了一百場儀式，結果一場破功，你就前功盡棄了；我們的壓力沒有人知道。每一場都很慎重，那個初心，一直都在。」

14 疫情下巫術的儀式實踐

遮護儀式除了對部落具有療癒意義外，也讓嬤苳灣看到部落需要巫文化。「從儀式的過程中，看到了部落的向心力，不分老少，大家共同守護家園；這是部落大家的事，不只是巫師的事，這是最大的意義。」

二〇二〇年初，世紀性的新冠疫情剛爆發，平日在多重角色間穿梭來去的嬤苳灣，剛開始並沒有特別關注疫情的發展；但晚上，她卻開始輾轉難眠，她感應到：「有事情要發生！」

那段時期，常發生一些奇怪現象。平日甚少看電視的她，只要一打開電視，就看到疫情的消息；她的身體也開始有不適的現象，晚上會出現異常夢境。「經常像有影子掠過腦海，神靈欲言又止，感覺好像在交待事情，眼神是認眞、迫切的。」這些異象，讓她不得不認眞「傾聽」。

夜不安寧的狀況持續了一陣子，隱憂愈來愈清晰：「所有的『訊息』都在告訴我：我必須要有所行動，該是時候守護我的部落了！」

儀式前的猶豫

早期部落遇到不可預測的天災或瘟疫、霍亂等傳染病時，會由頭目召集巫師群，執行具預防性的遮護儀式（pakingecen），主要在守護部落，阻擋惡靈，以防止災難發生。

二〇〇三年SARS疫情發生時，嬤乇灣尚未學巫，當時仍只是母親旮萊垓身邊的小幫手。當年土坂村雖曾進行遮護儀式，但她沒有直接參與，其實已經不記得儀式的細節。

斗轉星移，現在師父、母親皆已不在人世，嬤乇灣縱使有心想做這儀式，但對儀式的印象已模糊，該從何開始？她千頭萬緒，日夜思索著要如何執司這儀式。

不過她清楚一件事：這是守護部落的大事，儀典隆重，她需要一頭豬❶，才能請出各方神靈，共同護持。

但儀式經費打哪來？她想起以前母親說過，只要碰到這類儀式，就是挨家挨戶五十塊、一百塊去收錢，但這要收到什麼時候？事態緊急，對各家戶收錢，顯然緩不濟急。另一個很現實的問題是：部落生態的轉變。「如果各家戶收錢，現在大家信仰都不同了，加上這個儀式難得做一次，不見得是每個世代共同的記憶，大家會有共識嗎？」嬚芼灣心裡充滿了不確定感。

「我後來的想法就是：大家有錢出錢，有力出力。我是巫師，這是我的責任，我可以不支領酬勞，但我必須守護部落。」嬚芼灣決定直接找部落的菁英份子及包頭目的家臣集資。

❶排灣族的祭儀文化裡，傳統禮法上，巫師與神靈交通時，會以豬作為獻祭的貢品，象徵儀式的隆重，也是對神靈的虔敬祈請，並在祭祀後將豬肉分送給族人。祭儀尾聲以歡樂的共食作為結束，象徵圓融和諧，凝聚部落成為生命共同體。

重要儀式用牲禮祭拜，行除穢儀式。（嬤芼灣提供）

嬤芼灣一個個發訊息給在軍公教警領域工作的部落菁英，跟他們解釋此事，希望大家共襄盛舉。結果訊息一傳出，大家一呼百應，踴躍程度超出預期。鄉長、祕書、鄉代表等人知悉後，也拋磚引玉，慷慨解囊。嬤芼灣的兒子找了和他同輩、投身軍旅的部落年輕一輩，他們一知此事，二話不說積極響應。「有的族人後來還說，怎麼沒有找他們？」這一切都讓嬤苳灣發現，原來自己之前多慮了。

就在這樣的號召與帶動下，集資行動在兩小時內，迅速達標。「這次行動算是部落菁英動員，我們都是跟年輕族人訴求，沒有跟老人家集資；這表示年輕一輩都有守護部落的共識，具有接棒的意義。」

訪談部落耆老

在這段期間，其實夜不安枕的不只嬤苳灣，部落耆老、嬤苳灣的舅舅董豐山晚上也難以入睡，他亦感應到「有事情」！為此，他特地去跟姪子、剛接頭目的嬤苳灣大哥包嘉鴻討論，該做遮護儀式了。

嬤苳灣其實在執行重大儀式前，經常會有異常夢境，她必須讓自己沉澱、靜下心來聆聽。在與神靈漫漫的連結與建構儀式的過程中，她特地找了一個下午，去訪談熟諳部落儀典及歷史的舅舅董豐山；由舅舅口述他記憶中的儀式實踐，再對應嬤苳灣自己的整理，包含請益的神靈、空間方位的遮護、儀式主要禱詞，以及針對新冠疫情的話語結構等。

儀式之前，嬤毛灣坦言，她心理壓力很大，「我要擋下這個惡靈邪氣，不讓它進到部落的場域；我不知道自己的功力可以擋到什麼程度，但起碼這個預防性的儀式要做。我祈求我的祖先、部落各祭壇，全部就位，我虔心祈請，心無旁騖，火力全開。我去設想要請哪些神靈，創始神、部落神、獵神、河神、土地神、太陽及造物神、歷代頭目、巫靈界，當然還包括四周、所有不知名的神靈，這些全部都要請來。我就是很謙卑地，請祂們跟我一起守護部落！

「跟舅舅田調後，禱詞我必須自己內化吸收，細節全部爬梳清楚後，我感到比較踏實了，也覺得比較有信心可以帶領巫師群。」

集體建構儀式

這場難得的集體性儀式，讓整個部落動了起來。儀式前一天，在包頭目家的前庭，男女分工，各自忙碌地準備隔天儀式要用的獻禮及器具。採藤、採竹、準備牲禮、分送豬肉，大家各司其職，默契流暢，就像一首部落亙古傳唱的詩歌；長輩教導子輩的儀式行動中，像傳遞火炬般，祖先的生活經驗與智慧被傳承下來。

儀式當天，村長一大早就對全村廣播：部落今天要進行遮護儀式，邀請族人共同參與。

「哇！原來還有做這儀式！」族人一聽，紛紛往包頭目家聚集。由嬤毛灣率領的巫師群，先在祖靈屋召告祖先，之後和族人一起虔心徒步，前往部落入口處。土坂部落僅有一處連外道路，這是遮護儀式的祭祀場地。儀式進行前，年輕族人已主動在現場指揮交通，整理出空間動線。當聚集的族人愈來愈多，一切到位，巫師群上場。

當天儀式的建構，相當繁複，包括了水源地取水、召請各式神靈、竹竿除穢、遮護儀式、以及神靈獻祭。透過嬤毛灣的翻譯，神靈獻祭的禱詞如下：

因著遮護儀式，我將獻祭給各式神靈

針對新冠疫情，不論是橋梁、道路或是車站

都能收到我們的請求

並且接收我們誠摯的請求
所做的儀式
獻給創始神靈
獻給部落神靈
獻給獵神
獻給河神
獻給土地神靈
獻給太陽及造物神靈
獻給歷代頭目
獻給四周不知名神靈
獻給所有不知名神靈

此禱詞將抽象的神靈觀念，透過巫師變得具體，也呈現了排灣族井然有序的神靈觀，及與天地自然的關係。嬤毛灣率領巫師群，持米酒、豬骨及杜虹葉，口念經文，祈求祖靈、巫靈界及各路神靈前來護佑，同時也進行潔淨除穢。眾人協力在部落入口處，架設ㄇ字型結界，把霉運及惡靈阻絕在外，期讓部落保持淨土，安定族人心靈。

部落的我群意識

土坂村是這次全台第一個藉由遮護儀式，期將病毒阻絕境外的排灣族部落。在全世界的疫情如野火般燒個不停時，在南迴之濱的土坂部落，自成天地，希望把疫情防到滴水不漏。一個月後，屏東的古樓部落也進行了此儀式，其他部落陸續群起效尤。

嬤毛灣提到，遮護儀式是部落性的公眾事務，需要大家齊心集氣去做，才能讓族人從最在地的祭儀中，產生歸屬與認同。在部落歷史中，除了五年祭的主祭前會進行此儀式外，在碰到可能影響部落運勢或族人生命財產安全的大事件時，也會透過家族討論及夢境異象，決議是否進行。

上一次土坂部落作遮護儀式時，是近二十年前碰到ＳＡＲＳ疫情時；歲月如歌，當時部落裡做儀式的老人家早已凋零。這次的儀式，不僅對年輕族人是陌生的，對執司儀式的嬷毛灣來說，也是全新的體驗。在傳統文化式微、年輕人口外移的部落生態下，儀式不僅強化了部落的主體性，對巫師也是一劑強心針。嬷毛灣坦言，這場儀式看到年輕人自主動員，代表不僅只有老一輩認同巫文化的存在，年輕一輩也願意參與，這對她是很大的鼓舞。「他們都已在外就學工作，但仍願意參與及接納，這讓我覺得這條路走來不孤單，有愈來愈多人願意支持。」

遮護儀式除了對部落具有集體的療癒意義外，也讓嬷毛灣看到部落需要巫文化。有新血的加入與關心，巫文化就能持續有薪傳的火苗。「儀式的過程中，看到了部落的向心力，不分老少，大家共同守護家園；這是部落大家的事，不只是巫師的事，這是最大的意義。」

這些年，原民意識抬頭，加上文化復振方興未艾，是否相對增加年輕族人對原生文化的接受與參與度？嬷毛灣認爲，這雖有一定的關聯，但文化復振不能只有外相的復振，實質的精神內涵更重要。「復振的東西愈來愈多，舞蹈、音樂可以複製，但巫術是抄不來的，而且我們可以保存得這麼完整；這不是個人的資產，而是部落的資產。大家能一起維護及參與，巫文化才能被活化。」

這次遮護儀式的另一個社會意涵是：這非來自政府補助，而是部落自主發起，呈現出部落集體的「我群」意識。在全世界被疫情襲捲的一波波浪潮中，遮護儀式展現了原民部落在面對環境威脅時，如何和自身的母體文化連結，用最原質的儀式，去找尋凝聚與守護的力量，讓祖先傳下來的祭儀，在現代情境中重新被體現。

疫情下自成世界

就跟執司其他儀式一樣，在遮護儀式完成後，嬤毛灣關注的並非是否贏得外界認同的掌聲，而是「要是萬一沒處理好呢？」所要承擔的內外在壓力。雖然說是部落上下共同承擔祭儀成敗所帶來的福禍，不過外人不知道的是，在祭儀結束後，嬤毛灣持續在家屋謝神、祭告，一直不間斷。「疫情這種變數，很難預料，我一直在關注台東疫情的發展，很怕儀式做不完整，如果有（疫情），是出現在哪裡？」

儀式之後，有人建議嬷苲灣：「縣長應該要請你去台東縣境的南迴線、海岸線、縱谷線所有出入口，整個縣境都去做儀式，整個擋起來！」

她回：「齁，這會不會想太多！」

15 當族人不再種植小米的小米儀式

上一輩的殷殷期盼，道出了各部落普遍面臨的祭儀文化凋零及斷層的危機，也讓不少部落這些年開始積極推動小米的復育。不過現代部落的歲時祭儀，除了張羅小米要費心外，巫師是否能對整個儀式來龍去脈非常熟稔，也是關鍵，已經少有巫師能做一系列十七個儀式。

大地春回，萬物甦醒，春天的氣息瀰漫在空氣中。立春時節，是部落的小米祭儀要登場的時候。小米可說是原民部落的靈魂作物，與原民傳統的生活文化密不可分，但小米祭儀過程繁瑣，一系列的儀式多達一、二十個。目前排灣族部落裡，能完整執司此儀式的巫師已寥寥無幾；土坂是難得尚保存完整儀式傳統的部落。

也因小米深植於原民的文化基因裡，部落的採收祭儀，都依著小米的生長週期而定；當部落多不再種植小米時，祭儀如何延續？土坂部落的故事道出了變遷下，族人如何努力維續這些傳統祭儀。

各部落流傳著不同小米神話

小米是原住民傳統中神聖的作物，各原民部落都有自己代代流傳、有關小米起源的各種神話傳說。有說來自天上，有說來自地底，故事版本很多。

以排灣族為例，一個傳說是遠古時候，只要煮一粒小米，就能變成滿滿一鍋小米飯餵飽全家大小。結果有一位疏懶的孕婦，偷偷煮了一大把小米，熱鍋中的小米愈煮愈多，噴灑出來，致孕婦被燙死。天神知道此事後，大怒，認為族人貪心，遂降下疾病和天災，懲罰族人必須辛勞工作，今後煮小米飯時，要放很多小米才能溫飽。

部落裡這些關於小米種子的故事，皆反映出小米與原民緊緊相繫的生活情感與祭儀淵源。小米是原民的生活曆書，族人推算歲時節氣皆以小米的生長為軸心，要了解部落文化，就不得不探討小米在原民祭儀文化裡所扮演的角色。以小米的生長時節所衍生出的不同祭典儀式，包括開墾祭、播種祭、祈雨祭、除草祭、採收祭、神靈獻祭、豐收祭等。

這些祭儀除了是族人共同生活價值的體現外，也是原民與天地自然的關係；族人們相信舉行祭儀順利與否，即能知道是否受到神祖靈的庇佑與應允。不過小米祭儀有其難度，在東排灣部落裡，土坂是至今仍能完整執行小米儀式的排灣族部落，這與包家歷代頭目及巫師歷年來堅持守護此祭儀不無關係。

開墾祭揭開小米祭儀的序幕

對土坂部落來說，新曆年的日曆一撕開，祭田的選定及整理，就是頭目的重要工作。往年嬷毛灣的外婆及母親在與家臣共同商量、選定祭田之後，就會號召青壯輩的族人共同開墾、鋤草、犁田；因爲祭田是屬於大家的，關係到未來一整年部落是否風調雨順、五穀雜糧豐收。

嬷毛灣說，祭田不在大，主要是爲部落而作。「祭田以前會輪耕施作，後來因爲師父和媽媽年紀都大了，巫師也比較少了，就沒有考量選定那麼遠的地方，主要以大家方便、離部落近爲主。部落大家都看得到，那是最好。」

開墾是粗重活兒，包括整地、砌石牆、推土、搭建象徵性工寮等，這些前置作業主要是男覡主持。男覡沒有法力，不像巫師的揀選及考驗那麼多，因此巫師要爲男覡浥注靈力，也要對祭田做祈福、除穢。

開墾祭儀通常是一年的第一場儀式，要召請神靈在新的一年庇護小米等農作的生長。嬷芼灣說，每當初墾儀式一做完，後面的儀式就接不完、正式開工了。

配合自然節氣的小米播種儀式

犁了田後，播種祭在元月下旬、二月初登場，由巫師播撒小米，同時也在象徵性工寮四周，種植其他五穀雜糧，如芋頭、地瓜等。「播種儀式很美，我們在祈福的時候，是以五的倍數，雙倍在爲作物祈福，那是我們一個豐收的象徵。」❶

通常在播種完一個禮拜後，要舉行驅蟲儀式，因爲作物在長出嫩芽之際，是蟲害最猖獼時。舉行驅蟲儀式時，巫師必須吃去年採收的小米，並將其中一半獻祭給大自然的生物，如蟋蟀、螞蟻、猴子、田鼠、小鳥等。「這裡的概念是：我先敬你，讓你吃飽，希望在這段期間，你不要來打擾我的作物，讓作物能夠豐收。」

把大自然的昆蟲也當有情生命對待，先禮敬大自然的「好兄弟」，讓牠們先吃飽，好爲小米秧苗騰出成長空間；蟲害獻祭的背後，充滿了原民祖先對生命禮敬的謙卑，及與大自然和諧共存的智慧。這與自然農法的觀念很像，在整個大自然生態鏈裡，自己活，也讓對方活。

處理了蟲害威脅後，因應時節，三月份左右舉行祈雨祭。除了至水源處取水外，也向神靈祈求降下豐沛雨水，讓作物能生長茂盛。接著配合小米的生長，舉行疏苗除草儀式，讓秧苗之間有間隔，小米不會互相搶養分。

四月中下旬則舉行小米生長祭，此時適逢梅雨季，小米秧苗得以吸飽潤足的水分；梅

❶在排灣族祭儀裡，五代表一個大循環，諸如五年祭。

雨季之後，小米就開始長穗了。整個一系列的祭儀，都是配合節氣，與大自然共榮共存。

小米收成後的文化禁忌

六月份是小米成熟的時節，透過神靈採收祭，族人開始採收小米，「跟著神靈一起採收，態度不可輕慢隨便。小米採收後，也要先放在祭田上面，由巫師執行祭田的最後一個儀式，才能把採收的小米運回部落。」

在小米運回部落後，有一文化禁忌是頭目及首席女巫都謹守的：在七月十五日族人慶豐收前的這兩、三個禮拜，不能參加喪事，以免部落來年欠收。

「我從以前就看到長輩們，vuvu、媽媽、還有師父，對這個禁忌的堅持。她們非常嚴謹地遵守，這段時間就是不會參加喪儀。我後來慢慢發現，有時這個眞的很爲難。碰到的時候，我還是表明我的立場，讓其他巫師去照顧，等整個收穫節忙完之後，我再去喪家致意慰問。其實老人家都知道這個禁忌，因爲我們一開始就是跟著祭田，爲部落而作，這是我們的職責。」

搶起家爭作東，期讓福氣滿溢

七月份是一系列蘊含豐富文化意涵的神靈獻祭儀式，也充分顯露部落互助共享的生活文化。七月八號舉行收賦稅祭儀的前一天，頭目率家臣先到祕書家，傾聽及了解族人今年農作收成的情形，同時宣告小米各項神靈獻祭儀式開始；祕書之後也會到頭目家祖靈屋，和首席女巫商討隔天的收賦稅儀式要以哪一家爲起家。排灣族重視社會階序，傳統上，頭目是地主階級，屬下的子民爲其耕作，並將部分收穫所得納稅給頭目，頭目則主持部落重大事務如爭戰、祭儀、或與外村的外交工作。祭典期間，頭目將屬下子民納貢的農作釀酒、煮食，與族人共享；平時，對於貧困的族人也必須適時施予援手。儘管當代階序制度式微，土坂部落仍是至今台灣少數能維持完整頭目家臣體系的排灣族部落。

收賦稅時，以今年最豐收、最旺的一戶作爲起家。從那戶之後，首席女巫要規畫路線，因此每年的出發路徑都不同。起家把小米納貢給頭目，首席女巫再從中抽一把小米，帶至各家各戶，這裡有分享福分的概念：以福種福，福分加倍。

「起家被視爲是福氣很滿，因爲我們把最豐收的帶到每一家，每個人都認爲這是搶頭彩，也代表家族的驕傲和榮譽。」收賦稅時，各家戶都已經備好要納貢的農作物，巫師也會幫各家戶祈福，讓族人新的一年家族興旺、豐衣足食；這些都有祭歌及儀式。

除了搶當起家外，嫞乇灣提到，收賦稅時，中午巫師群在誰家用餐，也是另一個熱門、搶手的點。那天用餐不能吃白米，因爲白米非原民傳統主食。「用餐時祭祀團一起用餐，象徵把所有神靈聚集來家中，大家認爲這是福氣、福分來了。譬如我家今年有考生，那來我家用餐；我不作農，沒辦法搶農作物，那就讓我作主人招待大家，然後這個福分多給我一點。通常就是這樣大家輪。」

收賦稅考驗巫師體力

土坂部落過去是由聯合大頭目包家到各戶收賦稅，將貢品稅租集中放在包家祖靈屋後，由包家頭目分配給古、陳頭目。部落環境變遷後，演變至今，變成是三家頭目各自到所屬的屬民收賦稅，並各自辦理收穫節。雖然部落人口外流，但在二〇二〇年，包頭目家族收賦稅的戶數編號仍到達一百六十幾號，等於是巫師群當天要到一百六十幾戶族人家中做儀式；每戶的儀式時間不等。「若碰到喪家，還要另做除喪儀式，用詞及祭歌都會不一樣；而哀家納的貢品，也要一半退還給對方，象徵福分再給對方，讓哀家能在新的一年走出哀傷。一般家戶則做一般性儀式；如果是碰到師父或老巫的家，或碰到特別人物，可能儀式又會做得比較久。收貢品時，巫師群不只是對納貢物品作祈福，也會對家屋/家神，即整個屋子作除穢，並挹注新的福分。」

不少族人那一天會放下手邊工作，專門在家等待巫師群上門。「你不是去請巫師，是巫師群特地來家裡爲你祈福，每個人都需要這個福分，族人眞的會等門。如果巫師不懂儀式，不會爲族人祈福，只是流於形式、光拿貢品，那人家的觀感就會不好，所以巫師的角色非常關鍵。」

收賦稅儀式在盛夏舉行，是台東太陽最咬人的時候。巫師群一整天在外，部落路面高高低低，巫師們都是汗如雨下；加上做儀式，不能戴帽子，從清早到日落，一整天下來，完全是對巫師體力的考驗。而族人對於巫師一年一度的到來，也都很熱情地端出自釀的小米酒，要招待巫師，一百六十幾戶喝下來，巫師的酒量也要很好。嬤毛瀞笑言，她通常喝個一、兩杯，後面就會有人負責喝，「表姊啾谷這方面很強，我體力要是不行的話，她可以代勞。」

歲時祭儀關係到文化認同

過去逾半世紀，不少族人改宗西方宗教，這如何影響傳統祭儀的收賦稅儀式？老巫凋零後，年輕一輩的巫師接手，族人對祭儀的參與程度有無嬗減？嬚芼灣說，其實戶數是愈來愈多，收到的貢品也很多；愈來愈多年輕族人關心文化復振，他們雖然還沒成家，但也會積極響應，這讓頭目家族在祭儀傳承上也受到很大鼓舞。

「可以看出其實部落族人對這一年一度的儀式還是很期待，這其實是一種福分共享的概念。頭目收的這些東西並不是頭目自己的，而是大家贊助的東西，除了拿來幫助部落裡較困苦的家庭，也在十五號收穫節這一天，大家分食共享今年的收成；收穫節之前，部落族人放下手邊工作，一起做小米粿，那是很美的協力畫面。

「其實不管信仰什麼宗教，族人多認為歲時祭儀是關係到文化認同。對方或許有不同宗教信仰，他不用巫師到家裡祈福，但他會直接把貢品拿到祖靈屋；至於相信傳統信仰的族人，納貢的東西就會比較多。

「我們現在去做儀式時，會做解釋，大家就會知道原來是這個意涵。早期 vuvu 她們不太會去解釋儀式，對方只會覺得說，『哦，你看頭目來收東西了！』」嬤芼灣認爲，面對不同世代，持續的文化教育很重要。沒有去解釋意涵時，大家不知道意義是什麼，只是一代一代跟著做，他可能做起來沒感覺；但是當了解儀式意涵後，它變成是大家有意識的集體記憶。

當多數族人不再種植小米時

早期農業社會，族人間相當仰賴傳統儀式的互助共享，儀式本身也凝聚部落的社區意識。但在現代社會，隨著人口遷徙、宗教信仰與生活型態的改變，像小米收穫節這樣的歲時祭儀也首當其衝。其中一個最大的改變就是部落裡耕種的人口愈來愈少，加上台東常有颱風、焚風、田區的鳥害等，也影響到小米的種植。

當部落多改種經濟作物，或務農人口愈來愈少時，小米收穫節的文化如何延續？嬤毛灣坦言，每年納貢的作物裡，小米若有人納個十把、十五把，都算非常特別了。「實際上小米這種作物已經是非常『高檔』的農作，部落裡種小米的人愈來愈少；小米不好照顧，若沒有人顧的話，就被小鳥吃完了。但就像我徒弟廖新妹說的，她一定會種小米，想辦法也要有三、五把小米出來，因爲她要做起家；爲了儀式的需要，她一定會努力顧小米。」

小米收穫祭裡的主角——小米。（張菁芳攝）

在耕種人口減少後，族人納貢的物品，也逐漸從傳統作物改成現金或飲料。「以前還沒有公賣局的時代，納稅的貢品是傳統作物，收穫節在頭目家分食的是小米、芋頭、地瓜、花生等農作；現在大家多用現金取代，以前的小米酒則換成了公賣局的啤酒，大家也多叫外燴省事。其實也沒什麼農作物了，現況就是如此。」

不過嬑芼灣認爲，納貢的物品或有不同，但巫師的精神仍然存在。「無論對方納稅的東西是什麼，巫師對各家戶的祈福，一定都是誠懇、很紮根、落實地在做。」

神靈獻祭呈現原民的生命宇宙觀

整個神靈獻祭，在巫師群做完馬拉松般的收賦稅家戶祈福後，在人間慶豐收之前，巫師群還有不少儀式要進行。這些儀典猶如一首首人間與神靈界交通的古老祭歌。

族人納稅的貢品，頭目及巫師群必須先將這些賦稅獻給神靈，感謝神靈一路的護持，然後神靈再庇佑族人、給予新的祝福，成爲一個生生不息的循環。整個小米祭除了反映原民與土地及大自然的關係，也是其神靈觀與生命觀的展現。

七月九日，在儲存種子祭裡，巫師要把收賦稅時起家所納的小米，取五根綁成一小把，然後再捲成五小圈縮成種子，儲存在貯桶裡；這象徵部落來年會物產豐富、源源不絕。「那都是從起家開始，所以懂的人都會搶著作起家。」起家所納的大把小米，巫師除了拿到每一戶去祈福外，大把小米也要拿來入倉。「入倉儀式就是你一直都會有豐饒物產，不會缺糧。」

之後巫師群要到部落神那裡去獻祭，納貢今年採收的小米；在新米獻祭中，巫師將杜虹葉的莖幹折成人形的意象，然後把五根小米綁成一小把，再製成五束，將這些小米纏繞後、置於象徵的人形上，代表一邊用雙肩扛、一邊用頭頂著，向神祖靈獻祭新米。

獻祭小米給神靈後，再用新米拌野菜煮食後加以獻祭，代表與神靈共享新米。「在新米熟食獻祭之後，巫師才可以開始享用新米。這些過程，巫師都要跟著部落的儀式走。」

人間慶豐收是部落的感恩節

在獻祭、貯種、入倉等儀式完成後，神靈獻祭的後祭部分，還包括狩獵祭及為頭目祈福；為頭目做靈力加持是小米儀式的最後一項儀式。「因為儀式的好與壞，頭目及其家族成員，皆需概括承受，因此須爲頭目做祈福，以阻擋惡靈侵襲。」

種種儀式皆完成後，要向諸神靈獻祭，是神靈界的慶豐收，等於是族人給神靈過年。此時部落裡所有採收的農作，要獻祭給各個山頭的頭目、過去的親族等，感謝神祖靈一路的眷顧；這時會用杜虹葉折成「聖杯」，請神祖靈喝新釀的小米酒。「神靈慶豐收是一整年下來，小米儀式的尾聲。這一天巫師因爲卸下責任了，特別容易醉，因爲整個小米祭儀終於結束了，一年過了。」排灣族沒有曆制，歲時節令都是透過對日月盈虧及農作生長的觀察。因此，族人是以小米收成來理解一年的結束。

嬤芼灣說，神靈慶豐收之後，七月十五號才是人間慶豐收。由頭目分食新米製作的小

小米、豬骨、杜虹葉，小米收穫祭必備的祭品。（張菁芳攝）

米粿，族人歡唱跳舞一起慶豐收。收穫祭（Masarut）可謂原民部落的感恩節，除了感謝神祖靈的眷顧，也是「年的跨越」，熱鬧氣氛就像漢人過新年般；也因此，排灣族的一年是從每年小米慶豐收之後算起，七月十六號是新的一年開始。「如果沒有前面的儀典，我們不了解這些意涵的話，外人看原住民的慶豐收，以為就是唱歌跳舞，很少理解到原來是有整個脈絡，而且這麼繁瑣；前後儀式算起來，整個小米祭儀一共十七個儀式。」

嬤芼灣提到，這些儀式根據族人現在的生活型態，其實已經做了不少改良。譬如原本都是一天一儀式，連續進行十天；但現在爲了配合大家的工作及有限的假期，已將儀式濃縮，一天進行好幾個儀式，集中在五天內完成。「從媽媽和師父那時候開始，就這樣濃縮了，方便大家排假，但仍然維持儀式的精神。」

儀式面臨斷層的危機

儀式雖看似繁瑣，但其中很重要的精神是透過小米祭儀凝聚部落的向心力，也是族人間一種互助共享的傳統。嬤芼灣說古往今來，不管部落如何變遷，歲時祭儀裡，這種互助的精神一直沒有變過。

不過她也坦言，部落裡眞的認識這些儀式意涵的人已經不多，包括巫師本身也不見得能完全掌握，多是跟著首席女巫去做。她說自己當初也是不得不上路，跟在師父身邊見習了十年，加上用心整理，才清楚整個儀式一系列的流程。

「其實這個儀式很難背，我跟了師父十年，每年做這個儀式，仍然會忘記一些細節；我自己一直有做記錄，因爲時間順序太容易錯亂，而且經文用語也不一樣。說實在，明天要執行這個儀式，我還是必須要複習先前整理的東西，確認一下。」

嬤乇灣不諱言，自己如此努力學習，是因爲她很清楚，自己肩負了首席女巫須照顧部落的責任與使命。「師父以前教我的時候，她也說這個儀式一系列下來，眞的很難。以前師父一直跟我講：『你是頭目的小孩，你要學的東西太多了，但歲時祭儀這個儀式，你一定要會；因爲你要照顧部落族人，這是你的責任！』所以我一開始學巫的時候，這個儀式是媽媽及師父最在乎的，因爲這個（儀式）一定要有人能接得下來。」

上一輩的殷殷期盼，道出了各部落普遍面臨到祭儀文化凋零及斷層的危機，也讓不少部落這些年開始積極推動小米的復育。不過現代部落的歲時祭儀，除了張羅小米要費心外，巫師是否能對整個儀式來龍去脈非常熟稔，也是關鍵，已經少有巫師能做一系列十七個儀式。嬤芼灣提到，有一回她碰到屏東古樓的一個頭目，她問對方還有沒有在做小米儀式，「對方明白告訴我，她沒辦法做了，因爲她的巫師不是來自同一家族，要請巫師就得配合巫師的時間，最後變成頭目自己做儀式；但是會漏掉很多，已經沒有辦法那麼細密、到位，可能頭目自己也不記得一些細節，畢竟頭目的東西和巫師的東西還是不一樣。」

古老的儀式感

嬤芼灣深知，小米儀式的不易，不僅是來自儀式本身的繁複，有時也來自生活的現實。「你必須一路跟著小米，從播種到收割、到獻祭給神靈，每個環節都有很多細節，你都要跟，才會清楚所有過程；包括神靈獻祭，要獻給誰，祭葉怎麼擺放；從納賦稅到小米貯種，取哪邊的小米，哪個要入倉，這些都要很清楚。巫師群裡可能不會有人能全程跟到，有的人可能漏掉幾個，或中間插進來。新的年度一開墾，每個人都信誓旦旦今年一定要學會，但是哪一天可能又碰到事情，十七個儀式沒辦法全部跟到。慶豐收後的空窗期，理應是整理儀式的時候，但可能別的事情一來，就又錯過了。生活的潮浪就是這樣一波波，一年就過了。」

正因這些不可測、不可控的外在因素，更加凸顯嬤毛灣的 vuvu 們歷年來對於守護傳統祭儀所付出的精神與心力。嬤毛灣認爲，長輩們這份堅持的背後，是她們遠闊、堅定的視野，能看到儀式對部落的意義與價値。小米文化的復甦，歲時祭儀的維護，都讓年輕一代對部落有更明顯的身分認同。

至今排灣族部落裡，還這麼認眞在做歲時祭儀的，「我可以說我們眞的很完整！」而這也是嬤毛灣的母親和師父一直對她諄諄教誨的：儀式攸關部落的凝聚及榮譽，而非只是家族（頭目）的傳承。「她們告訴我，要很宏觀，很有遠見，文化復振這件事，不管部落裡其他人做什麼，或者試圖要爭話語權，那都不是我該擔心或在意的，因爲巫師的工作就是要照顧部落。當我做儀式時，我很清楚我們是在跟靈界的 vuvu 對話溝通，是在守護部落的福祉，這才是巫師的精神所在。媽媽和師父一直跟我提醒這個部分。」

暑盡秋來，小米祭儀一結束，新的日曆一撕開，又是新一輪的大地循環。習巫這些年來，嬤毛灣一直跟著小米生長的節氣走，至今她數算日子，還是習慣用那種每天要撕一張紙的老式日曆本；她喜歡每天撕日曆紙的感覺，那是一種無法被取代的舊日溫度，彷彿也是她穿越時空和 vuvu 們的連結。「一年悠忽地過去，看到一本那麼厚的日曆，很快變薄薄一張紙，日子這樣去看、去撕，那很古老；對於小米祭儀，那是很有感情的，是我們的美好歲月！」

16 神靈出巡的五年祭

勇士們事後描述刺福球的過程，常覺得不可思議，「勇士自己就會講，他根本沒有動幾竿球，就是有一股『力量』讓他往前或往哪移動；福球被刺中那一刻，手就像被電震到。很多勇士一刺到福球，會激動地掉淚，內心整個被打動，那是無法解釋的神祕經驗。」

如同閩漢社會媽祖遶境出巡一樣，排灣族也有神靈出巡的儀典。傳說中排灣族的創始神靈，從北大武山出發，循著各個部落創社的先後，巡視造訪，往返時間約需五個年頭，因而稱爲五年祭（Maljeveq）。

五年祭是排灣族對創始神靈追思、謝恩的祭典，強調人與神祖靈的關係，因此亦被稱爲「人神盟約祭」「迎靈祭」等。此祭典最早的記載出現在荷蘭時期，歷史至少在四百年以上，不僅有神祖靈對子孫的祝福，也是部落對自治領域的宣示，是排灣族最具特色的傳統祭儀。

不過日治時期及國民政府遷台初期，原民部落的祭典受到諸多禁限，傳統文物及禁忌之地受到破壞，各部落紛紛中斷五年祭儀。根據文獻記載，台東土坂部落是唯一從未停辦過五年祭的排灣族部落。嬤䒭灣說：「最難的經驗是我們縱使只剩三個竿子，也在辦五年祭，從未中斷。」

三根竿子也要辦下去

相較於其他部落，爲何土坂的五年祭得以從未中斷？究其原因，嬤䒭灣認爲，和包家先祖一直維持頭目聯姻不無關係。「我們一直實實在在依循頭目與頭目聯姻，不能降級婚❶。兩邊頭目各自帶有祭儀權，巫師也一直存在。」

也因頭目聯姻，親族眾多，日本人來時，對這樣的地方勢力有所顧忌，初期選擇綏撫，加上嬸芼灣的外婆道婉和日本警察官吏的情緣，合理認爲日人對當時的包家有所禮遇，爲土坂部落保留下延續祭儀的空間。

不過時代的潮浪仍是一波波襲來，從歷經殖民政府、族人信仰變遷、到傳統階序制度式微，再再皆衝擊頭目家族帶領家臣及族人延續祭儀的決心。面對艱難情勢，當時的大頭目道婉從不打退堂鼓，縱使只有三根竿子，一樣堅持將五年祭辦下去。

首席女巫能感應福球的運勢

「其實五年祭最大的意義是：創始祖先來到部落造福子民，每個族人都希望能收到這份祝福，透過刺福球對未來作占卜和運勢的祈求，讓五穀能豐收，家族可以興旺。那些福

❶ 傳統上，頭目是一個部落的統治者，也是精神支柱的象徵。頭目身分世代承襲，擁有祭儀權、土地權，有完整的祖先來源、口傳歷史與神話傳說。貴族階級講究門當戶對，以同階級間的聯姻為理想的婚姻形式，因此頭目階級常與鄰近村落的頭目結為親家，藉由婚姻關係擴展領地勢力。

祖靈屋內掛著歷屆五年祭的祭竿刺刀、福球等被祖靈賜福的信物。（張菁芳攝）

球都是透過巫師去做祈福，我們的說法是，你如果搶到福球，五年都是旺的。」部落裡流傳著許多關於福球如何帶來好運勢的故事，譬如有族人中到福球後，子孫在五年內皆功成名就、祈願成眞。

五年祭裡最獨特的核心爲刺福球（祭球）儀式。福球的製作過程也很不容易，是用生的樹籐去編織，因此必須先將樹籐泡水，使其軟化，以免傷手。因爲男女分工，女生不製作福球，也不碰祭竿。土坂三個頭目家族都各自有工匠師專門製作福球，頭目本家會特別挑選十顆福球，加上練習球，這些皆由巫師在祖靈屋前先做祈福、報備後，才由祭司帶到祭場上，讓勇士們刺球。

儀式裡十顆福球，每顆球皆有其意涵，諸如代表福氣、幸福、平安、健康、財富、穀糧豐收等，不過其中有兩顆球是象徵厄運的壞球。包家的祭司邱新成說，五年內，如果沒有做壞事，縱使拿到壞球，一樣可以平安度過；用意在警惕族人，切勿行惡，以免招致厄運。

其實族人在搶刺福球時，除了頭目和首席女巫外，沒有人知道該球運勢的好壞。命名時，首席女巫是將所有福球混在一起。嬤芼灣說她在執行（命名）儀式時，對於球的好壞，她這一端會有「感覺」，「很奇怪，那種感應，我這邊就會知道，但我不會去講這個部分。其實族人中到福球後，不管好壞，一定要先將這十顆福球拿到祖靈屋，由巫師做儀式化解後再帶回去。如果族人不了解這道理，直接就將福球帶回家，這就不太好。」

祭竿背後的權力故事

除了福球有學問外，祭竿的持有也是一門權力政治學，凸顯排灣族社會對階序的重視。除了頭目外，首席女巫、祭司、祕書、國師等家臣基本上都有專屬的祭竿。一個頭目家族約有七竿至八竿，之後才是貴族及勇士。「以前是出草有獵過敵首，或獵物很多的勇士，才能持竿。」

土坂部落有三個頭目家族，巫術最深厚的包頭目家族是主祭，擁有祭儀權❷，不過後來另兩個頭目家族也希望在五年祭裡持竿，嬤芼灣的外婆道婉當時爲了部落團結，希望大家共同護持祭儀文化，禮遇另兩個頭目家族也共同持竿，祭場因此也愈來愈大。不過包家頭目的祭竿仍是最長的，上有百步蛇紋飾，頂端有五個刺環。「頭目的竿子最高，可以綜觀及遠眺，是監督部落的一根祭竿，也象徵對頭目權位的尊重。頭目祭竿上有五個刺環，比較好刺到球，這也象徵部落未來五年的運勢。」

不過，在能鎮住大局的頭目道婉過世後，頭目家族的勢力有所消長，部落裡其他的頭目家族也開始爭取其祭竿要有彩繪。每次的五年祭，相關議題就會沸沸揚揚地被吵一輪。

對於其他頭目家族想爭取祭儀主導權，嬷芼灣倒是淡定，她說得明白：「舅舅還在，這些爭議就交給舅舅去處理，我就是做儀式。這個儀式沒有人會做，還是要聽首席女巫的。」

---

❷一個傳統領域只能有一座五年祭祭壇，因此土坂只有包家有（五年祭）祭儀行使權。日治時期，日本政府為了便於管理原住民部落，計畫性地遷移與集中各部落，以打散部落勢力；在此背景下，土坂即由三家頭目各自率領其屬民先後遷徙而成。排灣族有「先到為王」的長嗣觀念，依照遷徙順序及當時包、古兩家的頭目位階重組，三家頭目排序為包家、古家、陳家。也因包家是土坂部落最大頭目，加上有完整的祭儀執司家臣，祭儀皆以包家為首。

排灣族對階序倫理重視的程度，從祭竿進場的順序及長度即可見一斑。祭竿必須依序進入祭場，包頭目家的竿子先進場後，陸續才是另兩個頭目家的竿子進場；竿子進入祭場後，也要照順序排，不能逾越，現場拿尺一一丈量，高度不對的，直接拿電鋸鋸掉，毫不含糊。

嬤芼灣提到，有一次對方想試水溫，特別去彩繪祭竿，結果要進祭場時，直接被包家的家臣擋了下來。吵幾輪之後，對方的態度也有了變化。「因爲很奇怪，他們每次都會發生難以解釋的事情，而且都在同個地方，都是那幾天，他們的核心家臣就跟他們說這種事不能不信邪，他們才不再硬碰硬。」

如此嚴明的階序制度，嬤芼灣認爲，雖然有人不服，會想逾越及挑戰，「吵是一定吵，不過吵架也是文化的一種表達。」

說到底，一切還是和執司儀式的首席女巫是否能撐起大型、繁複的儀式有關。「首席女巫的功力在哪裡，部落很清楚，其實吵這個沒有意義，一切交給神靈仲裁。我們一直很戰戰兢兢在做，很怕逾越及犯錯，神祖靈如何召請、儀式怎麼執行，其實有很多擔憂。面對祖先傳承下來的這些祭儀，我們只能謙卑地去執行及聆聽，不能有個人的英雄主義。」

首席女巫祭竿背後的愛別離

不僅家族之間有祭竿情結，即使是家族內，一根祭竿也牽出許多不同世代間對祭竿的執著情感。嬤乇灣的首席女巫祭竿，也一度調整了好多年，才轉至她手上。此根首席女巫祭竿，訴說了土坂部落的一頁女巫史。

這根首席女巫祭竿原本是由嬤乇灣的姨婆包樂思持有，包樂思從二十出頭歲到七十三歲過世，持這根祭竿超過五十年，因此在家族成員的認知裡，這根祭竿一直被視爲是「董家祭竿」（包樂思的夫家姓董）。包樂思過世後，由嬤乇灣的師父祖祖蔓繼任首席女巫，竿子原本應轉到祖祖蔓手上，不過祖祖蔓認爲持竿是一種榮譽，也是使命，怕自己的孩子擔不下這個責任，於是禮遇包樂思的老公、同時也是包家的男覡董文生繼續持竿。董文生一直活到九十二歲，對祭儀文化始終很護持，這根原屬於首席女巫持有的祭竿，也就繼續留在董家多年。

不過在董文生及祖祖蔓相繼過世後，嬨毛灣繼任首席女巫，祭竿的問題又浮上檯面。當時刣萊姟頭目還在，於是找來她的表弟（包樂思與董文生的兒子）、同時也是部落耆老董豐山協調此事。董豐山深諳祭儀淵源，也認同此根竿子該交還給首席女巫，不過這引起董家後輩長孫的氣憤與反彈，一度不諒解包家。

後來當事人逐漸了解原委後，向包家致歉，「但我請求姊姊給我最後一次機會，讓我可以做結尾，我就把竿子還給你們。」嬨毛灣答以：「沒有問題啊！」結果那一年董家還是沒有中到福球，「我的舅舅董豐山就跟他們說：『我們可以了，整個放下，但是整個家族的家臣還是要去幫忙。』」

就這麼樣，這根有著各種情感歷史的首席女巫祭竿，交到了嬨毛灣手上。「那一年，我第一次正式接手五年祭，也是媽媽最後一次主持祭典。」

這根首席女巫祭竿，就像頭目祭竿一樣，也有彩繪，當初是嬨毛灣的外婆道婉感念她的妹妹包樂思，有高明的巫術才承接得住祭儀文化，將她封為「二頭目」的意思。但是這根女巫祭竿雖有彩繪，卻仍是矮一截，意即很難中到球。

「我兒子上次持竿，沒有刺到福球，他覺得很難過，我跟他說：『你要理解媽媽的想法，媽媽並不太想你中到福球。』他問：『爲什麼？』

「『我們把福分給別人，說實在，我現在這麼忙（做儀式），就是希望福分能給大家。就像我現在當主管，我不會去參加摸彩，會把獎項給同仁，我們的心就是這樣，做儀式也一樣，就是照顧族人，不會想據爲己有。』他聽了後，整個人就釋懷了。」

首席女巫意識狀態的變化

請神的重責大任，皆落在包家首席女巫嬤毛灣身上，她要掛心、照顧的環節確實很多。儀式期間，她很忙碌，意識也不同以往，睡眠很少。「我那些天其實沒怎麼睡，每天清晨四點就起床，整個腦子就開始運轉，要釐清所有細節及儀式順序。」

她坦言，儀式期間，她的體力已經超越自己平常的限度，不僅體力感覺用不完，連說話的速度和流暢度，以及腦子都異常清晰。「我就是沒有其他雜念，完全心無旁鶩地在執行儀式。」

有「神」隊友，讓嬷毛灣處在不同的狀態。旁人拍的儀式影片，顯出主祭當天，當全部的祭竿在勇士練習過後、要再由首席女巫及祭司重新除穢時，身材嬌小的女巫嬷毛灣和身材高大的祭司邱新成，兩人的身高差距將近三十公分，但在放狼煙、爲祭竿一一除穢時，兩人一跨步伐後，跨步卻是一樣的，連呼吸聲都同步。嬷毛灣事後回看影片，自己也覺得不可思議！

「我的人已經不是我自己主宰了，我可以跨那麼大步嗎？表姊啾谷每天問我：『你怎麼可以走這麼快？你都不會累哦？斜坡這樣下去，你都不怕跌倒嗎？』我先生最後乾脆騎摩托車跟在旁邊。而且我是一大早就到祭場三趟，整個人狀態都不一樣了。」

遮護儀式將部落防到滴水不漏

排灣族相信萬物皆有靈，河流山川家屋等各有守護神祇。族人相信，爲了要迎接創始神靈來部落，跟著祂出巡的大小神靈非常多，其中也包括惡靈，都可能跟著來到部落，所以十月二十五號主祭前一個禮拜，就陸續展開一系列遮避及守護的前祭儀式。

祭儀從十七號就開始，每天都有不同儀式。第一天登場的是土地神靈的遮避及守護，巫師們會到祖先插竿立基的土地神壇那裡進行遮護及祭告。嫞芼灣解釋，遮護的目的在將惡靈阻絕於外，讓神靈能夠不受干擾及阻礙地進到部落，帶給族人福分，讓部落五年的運勢順暢。在嫞芼灣主祭總神壇時，巫師團也同時在不同方位對小的土地神靈做祭告，意在喚醒大小土地神靈，共同守護。

第二天是部落神的遮護，整個部落的遮蔽必須涵蓋所有方位的零星小部落，「包括墳墓那裡也是另一個部落，也都要喚醒及祭告。」巫師們分工至不同方位做儀式及獻祭祝禱。

第三天則是到河神處做遮護，在河神地點做儀式時，用的祭葉是就地取材，直接在祭壇的上方摘取芒草，跟平常用的杜虹葉不一樣。嫞芼灣說她個人很喜歡祭告河神的儀式，「芒草有白色的葉緣，將芒草拋向河邊時，看起來就像下雨，非常特別。」巫師群在做河神儀式時，溪水中的魚蝦蟹等水中生物，也都是祭祀對象，這可看出排灣族的泛靈信仰及對生態的重視。這一天男覡同時也做山神的遮護，和女巫師雙頭進行，相互分工。

等到土地神、部落神、河神、山神都遮護完畢，防到滴水不漏，幫創始神靈清除路障後，巫師群開始整理祭場，也開始搭建刺球台座架。

巫師被附身，喝阻場外的誑語

祭場是一個靈界的概念，當首席女巫在祭場內做儀式時，其他人不得進入。嬤毛灣上一次五年祭（二〇一八年）在祭場獨力作儀式時，「我一進祭場，就感覺裡面的靈氣很強，強到我快受不了，我的兒子及周邊的人就發現我『不對勁』。在做儀式時，我自己就必須穩住。」

儀式過程中，祭場內外必須很清淨，此時場邊的人不可以亂打誑語。上次在五年祭的祭場外，就發生過一個自以爲是的觀禮者在場邊大發議論、下指導棋，說「這個儀式該如何如何」，言語中無恭敬謙卑心，結果嬤毛灣的徒弟、體質敏感的巫師露古絲隨即被附身，要這位妄語者別亂說話，但對方不信邪、繼續講，露古絲此時就以嚴厲口吻喝斥對方、要對方「閉嘴」，對方瞬間變了臉色，頓時整個人安靜下來。

對於場邊發生這樣不尊重祭祀祭儀的事件，嬤乇灣作爲首席女巫，她的立場是：「我是主祭，我必須心無旁鶩，不能有雜念，場邊的事我不會管。我很清楚自己那時已經轉換了，我在恭迎神，已經請大神在我這裡，所以縱使看到這個人在亂詮釋、做錯的事情，我固然可以糾正這個人，但我會守住，不想說重話，因爲這時對方會發生很嚴重的狀況。」

嬤乇灣此時只對她的表姊、也是巫師團的巫師啾谷輕輕示意，請她去處理這種情況。啾谷和嬤乇灣之間的默契，常是一個眼神，啾谷就知道該做什麼，就會立刻去支援。

五年祭的禁忌，關係到部落運勢

祭場整理完後，二十一號會針對年輕神靈，先舉辦一個暖身的刺福球儀式，這天會擲五顆球。「主要用意是：擔心這些在前鋒的年輕神靈活潑愛玩，在主祭時搗蛋，所以讓這些年輕神靈在主祭之前先來玩一玩，盼主祭時勿打擾。如果以人間界來看，就是我們的勇士開始準備與暖身。」

儀式愈來愈緊鑼密鼓，在主祭登場前，整個部落的向心力都被動員起來。準備工作還包括恭迎已來到部落的祖靈獻祭儀式，及各家戶準備相關的祭祀用品；巫師團也針對刺球場，每天不斷做加持。由於這段時間神靈能量磁場很強，嬚芼灣提到，這時候體質比較敏感或氣場比較弱的人很容易不舒服，常會有一些不適的事件發生，需要巫師協助化解。

主祭的儀典過程務求順暢，這是整個部落的大事。祭儀期間，因爲對神祖靈進行召喚，此時部落充滿了一種「人神共在」的虔敬氛圍；爲了避免各種不安全因素破壞祭儀的進行，危害到部落，五年祭期間有各種禁忌。「部落那天不能發生任何意外，包括祭竿不可以斷掉、祭壇不可以塌陷，這些是我們最怕看到的事，都在我們的禁忌規範裡。這些狀況若發生，我們就擔心部落的運勢，這不是個人層次而已。」

這段期間，巫師也不吃白米，只吃小米。孕婦不能參加祭典，也不可以碰祭竿，對孕婦的禁忌也延伸至其配偶。「如果你的太太今年懷孕，你就不可以碰今年的五年祭。」嬚芼灣解釋，這不是歧視孕婦，而是排灣族相信懷中的胎兒，生命仍不定，一切仍是神靈在掌控（族人相信生命在兩歲前，嬰孩的一切都還不是由父母作主），所以會避免孕婦參加，以免未成形的生命受到不好的「東西」沾染。

嬷毛灣提及一個例子。包家的家臣廖正春是包家的祕書兼發言人，有一年，廖正春的大媳婦林秀蘭剛好在五年祭那年懷孕❸。由於祕書家臣也有一根祭竿，那段期間廖正春就要他的媳婦遠離，不要回到土坂部落。林秀蘭的預產期原本是在五年祭的儀典之後，不過因爲先生及公公都不想錯過五年一次的祭典，就說動林秀蘭在五年祭的主祭前就做剖腹產，而林秀蘭也願意提早。「那時候我們都還沒有習巫，一結婚，媽媽就跟我們耳提面命：『明年是五年祭，千萬不能懷孕，若要懷孕，也要在祭典前就生完。』」

與生命有關的五年祭禁忌，懷孕生產還可以算時辰，但人的往生時辰就不是可以預算的。如果有人在五年祭這一年往生，其家人也會被建議迴避五年祭。「五年祭在十月舉行，如果往生者在年初過世，家人或許還能參加儀式，譬如若是頭目家族的核心家臣過世，巫師團會幫其家人做儀式化解；但如果往生者是在年中（譬如五、六月份）過世，已經接近五年祭的時間，就會被建議不要參加五年祭，以免部落族人有所忌諱。」

❸林秀蘭後來也習巫，成為包家的巫師，現亦為土坂社區發展協會理事長。

嬤毛灣解釋，「族人相信，家中若今年有人往生，整個家的磁場今年都是弱的，應該就要迴避這樣的祭典。部落裡還有一個說法，如果有人今年往生，那個祭球可能就是往生者的人頭。文獻也記載，在過去，是拿被獵到的敵首來做祭球，後來日本人覺得很血腥就禁止。我們一般的原則是，只要今年五年祭，就處處要小心，眞的不要不信邪。」

五年祭是百年來不變的排灣精神，外來觀看祭儀的人們只能站在外圍，絕對不能跨過祭竿或進入祭場，也不能打擾整個祭典過程。

刺中福球的神祕經驗

搶刺福球的重頭戲在二十五號主祭當天登場。一大早，巫師團先在部落三處主要入口做遮護儀式，以刺藤製成拱門，作爲路障，阻擋惡靈進入部落。

嬤毛灣說，以前巫師團是主祭當天到部落各家戶做遮蔽儀式，會在每一家插上竹葉（漢人驅邪則多用艾草）。不過到母親旮萊妶那一年，「媽媽覺得我們巫師早上太忙了，要巫師每一家這樣跑，時間很趕，所以我們後來就在祖靈屋前，擺放大量做了祈福的竹葉，由族人自取，插在家裡。巫師團則到出入口幾個主要的重點區塊，選擇核心人家做遮護儀式，只有善靈能夠來，惡靈不進來，祈求祭典能順遂。」

在儀式正式開始前，先由頭目和首席女巫祭祀，並率領家臣及勇士，朝向大武山排灣族創始祖靈的方向虔敬召請，取得儀式執行權力，恭迎神祖靈到達祭壇。

巫師團以祭歌、祭葉、祭酒，恭請神祖靈來到部落。在點燃小米梗，以「煙」作爲對天界的訊號後，首席女巫偕同拿小米梗煙的男祭司，一起進入祭場，爲置放在地上的祭竿進行除穢潔淨儀式，把過去五年經歷的痛苦悲傷一併淨除，拋丟在部落外面。祭場祈福後，在勇士上場前，女巫爲所有參與刺球的勇士進行增強靈力的加持，確保各家族代表能有足夠的神力完成刺球。

神聖的刺福球儀式隨即登場，由男祭司依序拋出十顆福球；每顆福球都有一個神祖靈的名字，有其專屬祭歌。巫師先對福球祈福，唱完祂的祭歌後，祭司才能把有如拳頭大小的福球用力往上拋。

持祭竿的勇士，此時莫不虔誠地祈求福球能降臨；全部落的族人這時情緒高漲，彷如神祖靈已至，與人間子嗣相會，進入神人共感狀態。各家勇士爭相刺球，這象徵各家族未來五年運勢的流轉。

福球並不是一拋就馬上被刺中，有時很難被刺中。「老人家的說法是：『這個神靈在跟你玩，祂不會馬上給你。』」每根祭竿，高約四層樓，除了拋擲福球要有相當技術外，能夠刺中球更是不容易；尤其祭典每隔五年才辦一次，要用技巧去刺球更是困難，具有相當高的不確定性。圍成一圈的持竿勇士們，只能前後左右輕微控制方向。族人相信，福球該是誰的，神靈就已經給你了，是命中註定的。一顆福球刺中後，才可以拋下一顆。每當勇士刺中福球，全場立刻歡聲雷動，頭目也會賞賜小米酒爲勇士慶功。

勇士們事後描述刺福球的過程，常覺得不可思議，「勇士自己就會講，他根本沒怎麼動竿，就是有一股『力量』讓他往前或往哪移動；福球被刺中那一刻，手就像被電震到。很多勇士一刺到福球，會激動地掉淚，內心整個被打動，那是無法解釋的神祕經驗。」

最後一顆福球一搶中，旋即開始自由球。自由球之意在希望讓每個家族都能有機會刺到福球，這時候所有家族的男性都可以進去搶刺，但其中會有祭竿特意做得最短及歪斜，要讓人很難刺到球。「根據以往的經驗，不會那麼早讓你中到球，祂會讓你玩，但是只要整個祭場最短的守護神竿一刺中球，祭典就宣告結束。」

首席女巫一宣布刺福球儀式結束，所有竿子會立刻往後放倒，勇士們會以最快速度拆除祭竿祭台，以免惡靈趁機進入部落，之後再前往各家戶作刺球的祝福。各家刺中的球，要奉酒祭祀，保存到下次五年祭。

隔天二十六號是解除遮蔽儀式，恭送祖靈以結束後祭，才算圓滿完成五年祭。甚至隔年的小米收穫節前祭中，在獻祭祖靈時一起恭送頭目及貴族系統的神靈離開部落，因此有些文獻中也提到六年祭的說法。

復刻版儀式面臨的侷限

土坂的五年祭，融合了豐富的宗教儀典與部落的民俗文化，從請靈到送靈，繁複嚴謹的祭儀在處理人界與靈界的交融過程。儀典保留地非常完整，自有紀錄以來從未中斷過，被文化部提列、登錄爲全國無形文化資產。

不過這些年文化復振的意識抬頭，各部落的儀典辦得風風火火，而這種原鄉風情與文化巡禮，也常變成是部落觀光的另類招徠。走過時代變遷，土坂部落始終沒有停辦過五年祭，這種一直延續著傳統的祭典，相較於中斷多年後再復振的祭典，在呈現上有很大的不同。

嬤芼灣直言，復振不容易，若沒有巫師紮實的巫術，復振後的復刻儀式很容易流入「有形無神」的困窘。「復振是從無到有，從上一代的記憶或文獻中，去參考以前的儀式，但這種傳統的祭典，縱使可以複製與模仿，還是只能到一個程度，沒辦法完全到位。牽涉到神靈觀及用到巫術的儀典，你要完全去複製貼上，很難。」

她認爲，不少復振後所呈現的五年祭，走的是自己的路線，會創造一些沒有在原始祭儀裡的活動內容，比較是一種「嘉年華會」的概念，譬如加進拔河比賽、負重、頂上功夫等等。就觀光角度，這樣的儀式也許會比較「好看」及有趣；土坂的五年祭則僅有原汁原味的祭歌、祭典及搶刺福球。「其實愈古老的儀式，愈沒有這些歌舞；如果爲了觀光價值要安排歌舞同歡，那也是儀式結束之後的事。」

土坂的五年祭，歷屆皆在十月二十五日舉行，祭典長達十天，多年來皆如此，不會特別去考慮觀光或假日與否。這與不少部落的復刻版五年祭，只精簡辦個幾天，有些中間還加進論壇、比賽等非祭典活動，或者只要贊助經費者就能持竿，在儀式的意涵及走向上，已是南轅北轍。在世俗化的（商業）活動中，祭典中最原始、真實的感動，可能也因此流失。

孃毛灣坦言，現在的情況常常是：只要會寫計畫，就可以得到政府挹注經費，就能把活動辦起來，用文化權來做經營，至於是不是有巫師能請得到神靈，這是另一層次。「其實神靈之事本來就應該嚴肅對待，不是一個做給人家看的表演秀。政府縱使贊助經費，但政府部門也必須尊重部落在儀式上的主導權；譬如我們的儀式，只要一迎神靈進場，台上是不能有來賓還在致詞等等官方的東西。縱使以前沒有政府補助，我們一樣把祭典辦下去，不願意政府力量過度介入，文化的詮釋權還是應該在部落。」

這些現象也點出各部落在面對的普遍現實：要培養巫術紮實的巫師，甚至能產出巫師團，是多年的苦功，過程很艱辛，很難急就章。巫師是祭典裡最重要的一環，是神祖靈與族人交通的媒介，沒有巫師，部落就少了自身文化的底氣，對文化復振的影響，也非政府給活動經費就能克竟其功。

五年祭是部落的文化財

土坂部落上一次二〇一八年的五年祭，那是嬤芼灣在師父祖祖蔓過世後，首次獨挑大樑。當時嬤芼灣的母親、頭目旮萊姟還在，「上次是媽媽最後一次看我執司五年祭，看到我比她更清楚整個五年祭流程後，她對我說：『你眞的愈來愈會了！』」

也許深感薪傳有人，旮萊姟在上一屆的五年祭結束，卸下肩上的擔子後，即生病住院，半年後離開人世。在母親的病榻前，嬤芼灣對母親承諾：接下來的五年祭，會輔佐大哥包嘉鴻（包家第十七代頭目），將五年祭的火炬承傳下去。「我媽媽最後一口氣要聽的就是這個！」

而爲了讓母親旮萊姟放心，嬤芼灣其實下足了功夫；她將此歸功於外婆道婉多年前的遠見。「還好以前外婆就有憂患意識，她從一九八三年起就開始自費，請專人錄下整個五年祭過程，包含在土地神那裡的儀式，都有專業錄影，這些都是非常珍貴的史料紀錄。」其實五年祭展開前一年，嬣毛灣就開始在準備自己的狀態，包括回看所有影音檔案資料，不斷做記錄去爬梳與釐清所有儀式環節及經文用語，尤其是要帶領整個巫師團執行儀式更加任重道遠。

嬣毛灣認爲，就部落氛圍來看，五年祭是土坂部落很重要的文化財，是來自族人認同部落的那一顆心，而非頭目家的資產。「即使三個頭目家族相互競合，但在碰到狀況時，眞正能調解處理的還是巫師，只有巫師的巫術有強弱。當每個人都退怯、害怕的時候，首席女巫是站在前面鎮定大局的人，沒有人可以取代，這樣的情況特別反映在五年祭裡。」

綜觀整個五年祭儀式，具有悠遠的時空意境與豐富的意象內涵，除了是祈求祖靈庇蔭和母體文化連結的祭儀實踐外，對每個頭目家族而言，也是權力結構重組與確認的展演機會，藉由祭儀，凝聚家臣與屬民的心，並展現部落的團結與主體意識。三個家族的良性競合，讓每個頭目家族都期許下一代積極學習五年祭儀式，相對也爲各家族注入年輕活力。「其實像老一輩的家臣，我媽媽那一輩的，幾乎都離開了；現在變成我大哥這一代和我，我們又在我兒子前面。其實我們的部落，還是有看到年輕人在銜接與延續。只是唯一擔心的是：我的位子誰接？」

17 無聲的守護者

也因爲做過儀式，畏懼父親亡魂來訪的心理障礙已經移除，嬤毛灣再度看見父親時，心情不再是抗拒與害怕，反而代之而起的是一種深沉的哀傷。「到我那時候高中，爸爸已經離開我八、九年了；會哀傷於爸爸怎麼突然變得那麼渺小、那麼遙遠地看我了！」

身爲巫師，嬤毛灣常在生死的場域間執司儀式，除了安定亡魂外，也撫慰親人。這天這一場儀式位在大武，喪家的家裡一下子走了兩個人，母親和老婆，悲痛逾恆的家屬前來請求嬤毛灣協助招魂。說來，失去至親那種難以言喻的痛，嬤毛灣在懵懂的十歲之齡，就已深切地經驗到。

時光倒流，三十多年前，嬷芼灣曾是接受儀式協助的當事者，她想起當時自己的無助……。

父親過世後家道中落

嬷芼灣還記得父親溺水意外走後那幾年，家裡的氛圍，冷清低落了好多年。

在物質不豐的年代，早年在土坂，家裡只要有電子產品，都是經濟環境比較好過的家庭。嬷芼灣的家總是當時村裡第一個有時興電子產品的人家，諸如錄放影機、四聲道喇叭、可以插卡匣的電視等。

一直到今天，嬷芼灣對父親的印象，有很多都是和孩童時期的感官記憶相連結。「我那時候最期待中午回家吃飯，爸爸的廚藝非常好，每餐一定是三菜一湯。當我的同學還不知道什麼是海帶時，我們已經在吃海帶；媽媽常講，以前部落很窮，有時大家會用地瓜、花生換米，我們那時候都是吃白米。中午從學校回家，爸爸已經備好一桌菜餚，他非常會滷東西，每道菜都好吃；天氣熱時，爸爸會先在前面院子灑水消暑，進屋用餐時，爸爸會放音樂，那生活非常美好。」訴說的同時，嬤毛灣的思緒掉進了那個深邃遙遠的時光隧道裡。

那是嬤毛灣人生中唯一天眞無憂的時期，她倍受父親寵愛呵護，用現在的眼光來看，她自己也覺得父親那時寵她寵過頭。小孩的視野裡，生活每天都充滿了驚奇，不僅下課就有佳餚點心，父親也不讓她碰任何家事，她就是父親的小公主，完全被捧在手掌心。

忽然間，父親撒手人寰，嬤毛灣的童年戛然而止。

「中午一回到家，門是緊閉的，沒有人等你用餐了，桌上沒有三菜一湯。爸爸以前經常會變化菜色，我們吃得很不錯；現在中午回到家，可能只有電鍋裡有飯。有時候媽媽忙著去山上作農，忙到來不及準備，你要學會自己熱菜；有時前夜沒有剩菜，我們就白飯拌醬油。家裡種佛手瓜，盛產時，一棵樹長那麼多，我們就一個月都吃佛手瓜；所以我現在很不喜歡吃佛手瓜，不是挑食，而是吃到讓你不想碰這個東西，會想到那段日子。媽媽養雞，鄉下種的玉米都是硬的，是給雞吃的，媽媽是玉米、地瓜、花生全部一起煮，那是雞啦豬啦人啦，大家都要吃的，就這樣子長大。」

家裡收入銳減，有時候放假，嬚乇灣會和母親上山去撿油桐樹掉下來的殼，曬了之後可以賣些錢。「有一次碰到山上起霧，我才知道原來起霧時，山裡頭是看不到路的。那時候覺得媽媽眞的很辛苦，要養這麼多口人。我那時會到河床撿一種葉子，曬一曬可以賣，就拿這個當零用錢，跟以前的落差很大。以前爸爸在時，我們都是抽屜打開隨時有錢，吃的糖果都是高檔的，景況完全不同。

「有時候媽媽一忙，要外出幾天，她上車後，搖下車窗，不是跟我們說『要記得吃飯哦、冰箱有什麼、要怎麼弄』，她是叮嚀『記得餵豬餵雞餵什麼……』，我們開始很會生活，燒柴生火，那些我們都很會……。」

對父親亡魂來訪的恐懼

嬚乇灣是家中七個小孩中最會念書的。旮萊妶在先生高三榮走後，面對經濟環境的辛苦，無形中將所有寄望放在女兒嬚乇灣身上。有時旮萊妶會跟女兒說：「以前你爸爸德高望重，人家都非常尊敬。現在家裡頭少了支柱，可能被人家瞧不起，你一定要會讀書，才可以翻轉家裡的命運。我不管再怎麼苦，哪怕是打赤腳，那個錢也全部供你讀書。」

肩負著母親這樣殷切的期待，嬷毛灣那時候完全專注在課業，家裡的農作都是由哥哥姊姊去做。「家裡的觀念就是：不會讀書的就做農，會讀書的就不要打擾她。」那時只求生存，旮萊妶從不去跟女兒談巫或傳承等問題。

面對生活條件驟然間的改變，家裡每個人都在調適。慘綠年代的嬷毛灣，整個生活的重心與壓力都在念書這件事上，慢慢不再會去想失去父親的創痛。「在那個轉變的過程中，有一種自我求生奮鬥的意志，生活的浪潮會一直推著你往前，已經沒有精力去想過去，不太會去想那些失落。我那時一心一意想把書念好，想改善家裡的生活，讓媽媽沒有後顧之憂。」

不過，父親並沒有忘了嬷毛灣。

從國中到高中，嬷毛灣無論到哪裡，具靈感直應力的她可以感覺到父親的亡魂一直跟著她。父親出現在她所有的課室裡、夢境中，她感到很害怕，但她不敢告訴任何人。「那時候也不敢跟我外婆和媽媽提這事，哪有人怕起自己的爸爸，那是很痛苦的掙扎。」

年少的嬨芼灣不知道如何理解此現象。排灣族的神靈觀裡，相信意外死亡的惡靈會要找替死，因爲父親是意外死亡，屬於惡死，加上父親放不下她，亡魂一直跟著她，她不斷會想起父親生前對她說過的話：「我這麼疼你，我如果走了，把你一起帶走好不好？」讓她從愛父親，變成怕父親。這對當時的嬨芼灣來說，是很大的心理衝突與情感拉扯。

她坦言，「那時最大的恐懼是怕爸爸會把我帶走，對於那種靈間的東西，小孩子會怕。」有時她自己也會轉念：「或許爸爸用他的方式在鼓勵我，希望我把書念好，可能爸爸擔心我忘掉他。」她的內心不斷在各種情緒波浪間來回與拔河。

父女的陰陽牽繫被剪斷

要大學聯考了，嬨芼灣怕到沒辦法睡覺。準備考試的壓力，加上嚴重睡眠不足，外加恐懼及焦慮等情緒，讓她承受不住，她終於鼓起勇氣告訴母親、外婆及姨婆這事，「這時她們才知道，這嚴重了，原來這些年我爸爸一直跟在我身邊。」這時距離父親溺水過世，已經有八年時間，嬨芼灣已從當時天眞的小女孩，成長爲荳蔻少女。

長輩們非常心疼嬤毛灣這些年承受的辛苦，「你怎麼不早說，讓你這麼苦，原來你爸爸的不捨還在你身上。」爲了讓嬤毛灣能回歸正常的學習生活，當外婆和姨婆提出要幫嬤毛灣做父女關係斷絕儀式時，她其實沒有想太多，她已受困於此事太多年，已到崩潰的臨界點；vuvu 們能夠幫她，她只覺如釋重負。「我完全相信我們的傳統儀式，也很倚賴我的外婆、姨婆，我信任這兩個 vuvu 的建議。」

就這麼樣，外婆及姨婆在嬤毛灣聯考前，爲她執行了斷絕父女關係的儀式。情牽陰陽兩界，冥界父親對陽界女兒的依戀與不捨，透過儀式，情感的千絲萬縷被剪斷了。姨婆在做完儀式後，告訴嬤毛灣：「你爸爸不會來找你了！」

做儀式前，嬤毛灣不管到那裡，「即使是離開部落，爸爸都會跟著我，而且爸爸的人影非常清晰，就像我們這樣面對面在講話。」做了儀式後，嬤毛灣的夢境不再會出現一直尋找父親的清晰場景。她終於可以一夜好眠。

＊＊＊

聯考放榜，嬷乇灣考上私立大學，但她想念國立大學，決定重考；但家裡沒錢，於是母親畓萊妶去跟嬷乇灣其他的兄姊商量。後來在二姊和三哥的贊助下，嬷乇灣從淳樸的鄉下小村子，到了繁華的台北都會，開始一整年都窩在南陽街的重考生活，打算隔年捲土重來。

也就在南陽街補習班的十二樓教室，嬷乇灣再度看到了父親。但此時，父親已經站得很遠很遠，變成很渺小的一個身影。「我知道爸爸都還在，只是那個儀式把我們切斷，他不會那麼近距離地來看我了，可是他的關心一直都在。」

也因爲做過儀式，畏懼父親亡魂來訪的心理障礙已經移除，嬷乇灣再度看見父親時，心情不再是抗拒與害怕，反而代之而起的是一種深沉的哀傷。「到我那時候高中，爸爸已經離開我八、九年了；會哀傷於爸爸怎麼突然變得那麼渺小、那麼遙遠地看我了！」

從習慣父親一直近距離的陪伴，到意識到父親已經遠離；從生活被嚴重地干擾，到慶幸終於可以重獲睡眠，嬤毛灣經歷了很長的心路，現在她終於可以專心地走下一步。

「這之後，我夢到爸爸的次數就非常少，一年大概一、兩次；縱使夢到，人已變得很小，只在遠遠的地方默默地望著我。我整個人就比較好了。」

透過招魂得知父親身故之因

時光易老，多年後，嬤毛灣已是部落裡的首席女巫。回看自己那段特殊的年少歷程，那時的她雖然懵懂，但外婆、姨婆在儀式前，對她解釋過做該儀式的因由。「人死就是陰陽兩隔，不能在一起，就像死生纏綿的夫妻也是要做這個冥陽分離的儀式。這個說法就是人往生後，世間關係就是塵緣盡了，如果亡魂一直戀著你，不但亡魂沒辦法過渡，對在世的生者也不是好事；被依戀者的身體會不好，甚至可能威脅到生命。」

時至今日，嬤毛灣在做儀式前，總會想起多年前外婆、姨婆的解釋，這也讓她特別看重儀式前的溝通。她對當事者的同理心情，來自她自己也曾經在另一頭接受安撫。她深知當事者會經驗的無助與惶恐，也知道一場儀式的成敗，對當事者及其家庭具有的心理意義。「儀式之後，如果對方給我的回饋是他們的精神有被慰藉，有解決他們的困境，那對巫師而言，是最大的欣喜與回饋；即使再累都覺得踏實，對於這巫術有幫到人感到欣慰。」

不過嬤乇灣縱使執司過那麼多招魂儀式，但類似像父親這樣因意外過世而對家人有強烈的依戀與掛念，以致亡魂不願離開的情況，還是屬不尋常的例子，而這戲劇性的情況又剛好發生在頭目、巫師家族。「這種切斷（父女）關係的儀式，和一般做的安定亡魂的招魂儀式不一樣。我爸爸這情況是他對這小孩放心不下，他無法割捨這個小孩。」

「其實我們知道是誰把爸爸帶走的，我們有做招魂。」嬤乇灣冷不防說了這麼一句。父親當年離開得突然，家人都難以接受這噩耗。「招魂儀式很能撫慰親人對往生者的思念，也可以理解是誰把他帶走的，這都可以從儀式中問出來。」

根據 vuvu 們透過儀式問出的父親身故原因：「之前有外地人來部落附近租了一塊地種生薑，結果在河床發生意外身亡。因爲是外地人，當時沒有爲他做招魂，對方死不瞑目，心生怨怒，而將此怨氣轉嫁到會做儀式的頭目家族，想要找人替死。本來要拉的人是外婆，但最後爸爸成了被挾怨報復的對象，這是從儀式問到的。

「對方的怨氣之深，讓姨婆當初一下到河床、要爲爸爸做招魂時，她的狀態就已經變化；姨婆是整個衝飛到河面，外婆則是連飛帶跑、衝到爸爸那個溺水點，那個力量強到拉不住。當然那時頭目（外婆）就在旁邊好言相勸：『不要這個樣子，要放下，放下了！』對方附在姨婆身上，開始應答，慢慢地放下……。」

從巫師的角度來看這樣的意外事故：「人都想要善終，意外死亡者多數怨氣會比較深，因爲在走之前，沒有機會交待身後事，死不瞑目。其實最傷巫師元氣的儀式就是意外事故的招魂，因爲身故者會附身到巫師身上，力量大到可能要好幾個人才拉得住，要不然巫師會受傷；這也是爲什麼我先生和兒子在我做儀式時，都要在旁邊保護的原因。」

從自己父親遭遇的意外事件，嬤毛灣對頭目、巫師家族所必須概括承擔的包袱深有體悟。她深知這些角色的不易，動見觀瞻的背後，其實有其脆弱之處。「很多東西，如果頭目和首席女巫沒將它處理好，是要承擔風險的，有時會生病還是發生事情，這些都有可能。所以我們每次碰到事情，都要沉澱及回溯，很小心處理每個狀況。」

從先生看到父親的影子

守護者其實也需要被護持的力量。頭目及巫師是部落的守護者，但祖靈冥冥中也透過不同的人在守護著她（他）們扮演的角色。家族裡，從外婆道婉、母親旮莱妶，一路到嬤乇灣，都可以看到這樣的生命軌跡。

嬤乇灣的先生小豆來自卑南族，她這麼描述自己「話不多」的老公：「我先生其實蠻難得的，他雖然來自不同族，不懂我們的語言，很多事情他從中要學的也不少，但只要碰到我們的儀式，他幾乎是全勤。他愈接觸這儀式，愈加認同這個文化傳統，也認爲它具有存在的價值；可能也看到我們的付出，很認眞在自我修習，所以他很支持。」

小豆個性低調，一直說不希望成爲嬤乇灣的阻力，希望有些微幫助到老婆。他在很多場域，都是嬤乇灣默默的守護者；嬤乇灣事後從五年祭的影片中看到小豆在旁爲自己提祭籃，才知道原來先生一直在她旁邊。小豆的母親也是卑南族的巫師，他對儀式是有概念的；他雖不多言，但他會從旁觀察，看自己可以做什麼支持老婆。譬如看到嬤乇灣在五年祭的空檔片刻獨坐在祖靈屋沉澱，他會安靜地端一碗飯給嬤乇灣：「你吃一點，要不然體力沒辦法支撐到晚上。」

「其實我們好像都沒有特別去言明要做什麼，但他就知道要在我旁邊。他要是沒有時間陪，就會問兒子：『你們誰明天有空，去陪媽媽，要不然媽媽太累，沒有人保護。』我有時候在招魂狀態會失去意識，旁邊就要有人在，甚至整個拉我一把，這一定要自己人才有辦法。」

有時碰到有人對巫術質疑，小豆會爲老婆辯護及仗義直言：「眞假不是外人可以講的，整個巫師群那麼認眞辛苦在守住這個文化，我們要給她們支持和鼓勵，這個要假也假不了。我沒有辦法回覆太深的題目，但我的工作就是保護我的太太，誰都別想欺負我太太，她是全心全意在這上面付出；族人有需要，我很欣慰我太太能接得下來。」

從現實面來看，捍衛守護與權力位階，常常具相伴相生的關係。嬤芼婉的外婆道婉的初戀對象清水清（旮萊竑從未謀面的日裔生父）及後來再改嫁的老公王天良，以及嬤芼瀞的先生小豆，皆來自外族、外村。雖然跨越不同的世代，但他們都是警察；王天良甚至曾任鄉民代表及擔任長達二十四年的土坂村村長。某種意義上，警察與民代的身分，讓他們對於身邊的女人及她們心繫的部落，皆扮演了關鍵的守護角色，也協助土坂部落鞏固文化祭儀。

母女間常常會複製相似的情感型態。嬿毛灣看到先生對儀式及很多生活細節的照顧，常會從他身上看到很多自己父親的影子，「我爸爸也是沒有聲音的男人，他也是這樣安靜地幫著媽媽。」

愛不會遠離

旮萊妶以前常對女兒說：「巫師的老公是『上面』幫你挑的。」

其實在高中之後，嬿毛灣對於父親的那些記憶，已經很久不再想起，鎖入了記憶底層。但有時候先生做的一些事或說的話語，會讓嬿毛灣不禁冒出：「你怎麼這麼像我爸爸！」小豆聽了，只覺得不明所以，摸不著頭腦。

以現在的眼光來看，「爸爸對我的那個疼法，的確太超過。譬如三哥存錢要買捷安特，我是根本不用存錢，因爲爸爸會幫我存。在那個年代的鄉下，小女孩能有洋裝、穿涼鞋，那是眞的很疼。」

即使父親不在了，這種孩提時代被疼愛的感受，深植在嬿芼灣的情感意識中。小豆強烈想要保護老婆的心，讓嬿芼灣塵封已久的情感記憶，重新被喚醒，就像父親曾經對她的細膩呵護。過去與現在，透過情感記憶的身體感知，有了連結，原來愛從來不曾遠離，只是透過不同人傳遞。

生命的回歸

在進入大武山腳下的土坂部落前，會經過潺潺的大竹高溪。春去春回，花落花開，這片祖先看顧的山海，始終無聲地守護著部落，也見證世代的交迭。

看著湍急的河水，嬿芼灣望向父親當年溺水的地點，想起四十年前無情的河水帶走了父親，也沖走她的童年。從幸福無憂的小公主，到剎時間失去父親的墜落，所有的悲傷困惑與恐懼，其間所經歷的強烈情感，都化爲她之後成長的養分。父親的逝去及後來發生的一連串因緣事件，讓她經驗了冥陽間的情感牽繫，學習到最初的生死課題，也引領她日後踏上習巫之路。

習巫，雖然不在嬤乇灣原本的人生規畫內，不過後來她卻理解到：原來很多事情只是在等待對的時機點，每一步其實都在預備她下一階段的承擔。在度過顛躓翻湧的青春期後，嬤乇灣二十一歲以公務人員特考榜首進入公職，而後認識在警界服務的先生小豆，二十四歲結婚，二十五歲生下雙胞胎，人生大事自此安定。此時，母親旮萊妶開始和她談巫文化傳承的事了。

嬤乇灣想著部落裡這些過往的人與事，所有因緣的流轉與祖靈力量的守護，從她的外婆傳到母親，再傳給大哥及她，至她的下一代，代代相傳。愛從來沒有流失，只是轉換形式存在。懷著這全然的信任，嬤乇灣持續將傳承的火炬傳遞下去；如同大竹高溪不止息地奔流。

＊　＊　＊

父親曾經無法放下的孩子，冥冥中這個孩子卻有很多力量在守護與看顧。多年後，嬤芼灣自己為人母，她可以體會父親當年對她這份「放不下」的心情。父親的忌日到了，父女間情感的細縷仍然會牽動嬤芼灣，讓她心有感懷。

父親沒有機會見證及參與他最疼愛的女兒後來披嫁紗、生子、立巫等人生重要的時刻。「在我嫁人時，當我喊我公公那聲『爸爸』時，其實已經很久很久沒有喊過『爸爸』了，忽然又有機會叫『爸爸』，感到，啊，好陌生，但又好親切，它平復了我心底深處——那個遺憾。」

參考資料

包惠玲（2015）。〈當代東排灣族 Patjalinuk 頭目家一位 pulingau 傳人的儀式實踐〉。國立台東大學南島文化研究所碩士論文。

林秀蘭（2015）。〈東排灣巫文化的延續與變遷：以土坂村 Patjalinuk 頭目家族爲例〉。國立台東大學南島文化研究所碩士論文。

邱新雲（2011）。〈東排灣巫師 purhingaw 之研究——以台東縣土坂村爲例〉。國立台東大學南島文化研究所碩士論文。

李修慧（2018，4月）。〈排灣族現代女巫的「成巫之路」：神靈附體完還得去看醫生〉（電子版）。The New Lens 關鍵評論。

張金生（2001）。〈包春琴（Tauwan, 1921-2001）〉。載於施添福（編撰），《台東縣史人物篇》，頁372-373。台東縣：台東縣政府。

排灣族女頭目——包春琴（1921-2001）。國立台灣歷史博物館，台灣女人〈穿梭的記憶・台灣女性流轉年華〉。網址 https://women.nmth.gov.tw/?p=2046

〈排灣族〉。原住民族委員會，台灣原住民族資訊資源網。網址：http://www.tipp.org.tw/

譚昌國（2007）。《排灣族》，原住民叢書。台北市：三民書局。

譚昌國（2004）。〈祖靈屋與頭目家階層地位：以東台灣土坂村 Patjalinuk 家爲例〉。刊於《物與物質文化》，黃應貴主編，頁111－169。台北：中央研究院民族學研究所。

〈排灣族祖靈信仰〉。台東縣民俗文化資產公告文。文化部文化資產局，國家文化資產網。https://nchdb.boch.gov.tw/embed/assets/overview/folklore/20160318000002

生命禮俗——死亡。世界宗教博物館，祖靈的國度：原住民信仰文化特展（2010）。網址：https://www.mwr.org.tw/2010sa/ch/6_4.htm

〈台東縣排灣與魯凱族各村記事——達仁鄉土坂村〉。《台東縣史排灣族與魯凱族篇》（第15冊，頁136－142）。台東縣：台東縣政府。

包惠玲（2020，6月）。〈當代排灣族 pulingau 成巫儀式〉。發表於《原視界》（電子版）。財團法人原住民文化事業基金會。

胡台麗（2019）。〈巫珠因緣：排灣族女巫師的成巫之道〉。載於《當代巫文化的多元面貌》（胡台麗、劉璧榛主編）。台北市：中央研究院民族學研究所。

胡台麗、劉璧榛（2010）。《台灣原住民巫師與儀式展演》。台北市：中央研究院民族所研究所。

許功明、柯惠譯（1994）。《古樓村的祭儀與文化》。台北：稻香出版社。

包惠玲（2020）。〈Pakingecen（遮護）：當代土坂部落巫師的儀式實踐與部落認同〉。刊於《人類學視界》，27期，頁26－38。臺灣人類學與民族學學會。花蓮：東華大學。

〈原住民族的小米生活文化〉。行政院農業委員會台東區農業改良場。網址：https://www.ttdares.gov.tw

包惠玲（2014）。〈排灣族maljeveq（五年祭）持續因素之探討——以patjaljinuk爲例〉。載於《傾聽・發聲・對話：Maljeveq：2013台東土坂學術研討會紀事》（鄭漢文主編）。台東市：東台灣研究會。

蔣斌（1988）。〈排灣族五年祭 ljeveljveqan 意義的初步分析〉。載於《傾聽．發聲．對話：Maljeveq：2013台東土坂學術研討會紀事》（鄭漢文主編）。台東市：東台灣研究會。

衆生系列　JP0216

祖靈的女兒

——排灣族女巫包惠玲 Mamauwan 的成巫之路，與守護部落的療癒力量

口　　述／包惠玲（嬤乇灣 Mamauwan）
撰　　文／張菁芳
責任編輯／劉昱伶
內　　文／歐陽碧智
封　　面／兒日設計
業　　務／顏宏紋
印　　刷／韋懋實業有限公司

發　行　人／何飛鵬
事業群總經理／謝至平
總　編　輯／張嘉芳
出　　版／橡樹林文化
城邦文化事業股份有限公司
115 台北市南港區昆陽街 16 號 4 樓
電話：(02)2500-0888 ext2736　傳眞：(02)2500-1951
發　　行／英屬蓋曼群島商家庭傳媒股份有限公司城邦分公司
115 台北市南港區昆陽街 16 號 8 樓
客服服務專線：(02)25007718；25007719
24 小時傳眞專線：(02)25001990；25001991
服務時間：週一至週五上午 09:30 ～ 12:00；下午 13:30 ～ 17:00
劃撥帳號：19863813　戶名：書虫股份有限公司
讀者服務信箱：service@readingclub.com.tw
香港發行所／城邦（香港）出版集團有限公司
香港九龍土瓜灣土瓜灣道 86 號順聯工業大廈 6 樓 A 室
電話：(852)25086231　傳眞：(852)25789337
Email：hkcite@biznetvigator.com
馬新發行所／城邦（馬新）出版集團【Cité (M) Sdn.Bhd. (458372 U)】
41, Jalan Radin Anum, Bandar Baru Sri Petaling,
57000 Kuala Lumpur, Malaysia.
電話：(603) 90563833　傳眞：(603) 90576622
Email：services@cite.my

初版一刷／ 2023 年 9 月
初版三刷／ 2024 年 4 月
ISBN ／ 978-626-7219-49-2(紙本書)
ISBN ／ 978-626-7219-51-5(EPUB)
定價／ 460 元

城邦讀書花園
www.cite.com.tw

國家圖書館出版品預行編目（CIP）資料

祖靈的女兒：排灣族女巫包惠玲 Mamauwan 的成巫之路，與守護部落的療癒力量 / 包惠玲（嬤乇灣 Mamauwan），張菁芳著 . -- 初版 . -- 臺北市：橡樹林文化，城邦文化事業股份有限公司出版：英屬蓋曼群島商家庭傳媒股份有限公司城邦分公司發行，2023.09
面；　公分 . --（衆生；JP0216）
ISBN 978-626-7219-49-2（平裝）

1.CST: 排灣族　2.CST: 巫術　3.CST: 祭禮
4.CST: 民族文化

536.3361　　112011229

廣 告 回 函
北區郵政管理局登記證
北 台 字 第 10158 號
郵資已付 免貼郵票

115 台北市南港區昆陽街 16 號 4 樓

城邦文化事業股份有限公司

橡樹林出版事業部 收

請沿虛線剪下對折裝訂寄回，謝謝！

|橡|樹|林|

書名：祖靈的女兒——
排灣族女巫包惠玲 Mamauwan 的成巫之路，與守護部落的療癒力量
書號：JP0216

橡樹林文化
讀者回函卡

感謝您對橡樹林出版社之支持，請將您的建議提供給我們參考與改進；請別忘了給我們一些鼓勵，我們會更加努力，出版好書與您結緣。

姓名：＿＿＿＿＿＿＿＿ □女 □男 生日：西元＿＿＿＿＿年

Email：＿＿＿＿＿＿＿＿＿＿＿＿＿＿＿＿＿＿＿＿

● 您從何處知道此書？

□書店 □書訊 □書評 □報紙 □廣播 □網路 □廣告 DM

□親友介紹 □橡樹林電子報 □其他＿＿＿＿＿＿

● 您以何種方式購買本書？

□誠品書店 □誠品網路書店 □金石堂書店 □金石堂網路書店

□博客來網路書店 □其他＿＿＿＿＿＿

● 您希望我們未來出版哪一種主題的書？（可複選）

□佛法生活應用 □教理 □實修法門介紹 □大師開示 □大師傳記

□佛教圖解百科 □其他＿＿＿＿＿＿

● 您對本書的建議：

＿＿＿＿＿＿＿＿＿＿＿＿＿＿＿＿＿＿＿＿

＿＿＿＿＿＿＿＿＿＿＿＿＿＿＿＿＿＿＿＿

＿＿＿＿＿＿＿＿＿＿＿＿＿＿＿＿＿＿＿＿

非常感謝您提供基本資料，基於行銷及客戶管理或其他合於營業登記項目或章程所定業務需要之目的，家庭傳媒集團（即英屬蓋曼群商家庭傳媒股分有限公司城邦分公司、城邦文化事業股分有限公司、書虫股分有限公司、墨刻出版股分有限公司、城邦原創股分有限公司）於本集團之營運期間及地區內，將不定期以MAIL訊息發送方式，利用您的個人資料於提供讀者產品相關之消費與活動訊息，如您有依照個資法第三條或其他需服務之務，得致電本公司客服。

我已經完全了解左述內容，並同意本人資料依上述範圍內使用。

＿＿＿＿＿＿＿＿＿＿（簽名）

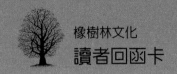